ほとけの誓い、おもき石山

紫式部ゆかりの寺にて

鷲尾龍華

淡交社

はじめに

石山寺《いしやまでら》は、聖武天皇の勅願で、良弁僧正《ろうべんそうじょう》により創建されて以来、一二七〇有余年の永きにわたり、観音さまの霊験あらたかな寺として深い信仰をあつめてきました。紫式部や『源氏物語』が注目されている昨今ですが、彼女をはじめ多くの文学者たちも、その霊験をもとめてこの石山の地に参詣したのだと思います。

この場所では、豊かな自然——山と岩、大地、水、木々、草花、そしてそこに暮らす小さな生き物たちそれぞれが尊く、それぞれが仏の教えを説いて聞かせてくれていると、幼い頃から感じてきました。そして、先師たちが師匠から弟子へと伝えてきた教えが、経典や聖教《しょうぎょう》、書籍、あるいは仏像、御堂という形を以て、大切に守られてきた場所でもあります。そして、生まれてからこの方、私はそれらを心の拠り所にして生きてきたように思います。

どんなに時代が進んでも、石山寺は神仏の居場所であり、人々の祈りの地であることに変わりはありません。私がそれを伝え続けていかなければならないと、いつも強く感じています。そういう思いで筆を執《と》ったとき、紡《つむ》いだ一文の中に登場する色々な存在、例えば歴史上の人物や、小さな生き物たちが語りかけてくれるような感覚になりました。言の葉はどこからかきらきらと流れてきて、菲才《ひさい》な私を多くの存在が助けてくれたような気がしています。

今、自分自身を見失うほど頑張ってしまう人や、誰にも頼ることができない人、もうどうしようもないと絶望している人。もしそういう気持ちでこの本を手に取った方がおられたら、時には歩みを止めて、神仏の地を訪ね、鳥の声や川の音に耳を傾けてください。自分という存在を内側から輝かせるきっかけが、そこにはあるはずです。

そして、心の泉に清らかな水が湧き出すように、この本が生きる力を取り戻す手助けになれば幸いです。

石山寺
禁煙

東大門（重要文化財）

源頼朝の寄進と伝わる日本最古の多宝塔（国宝）。「石山寺」の由来となった天然記念物の硅灰石の上に建つ

聞こえてくるのは、
鳥たちのさえずりや虫たちのささやき。
木々の匂い、そして、雨の匂い。

お堂の中に夏の光が差し込んでくる──。
観音さまのお像に
木々や青々とした葉が写り込みます。
この時期にしか見られない、
金色や緑色の混じり合ったその色は、
ため息が出るほどの美しさなのです。

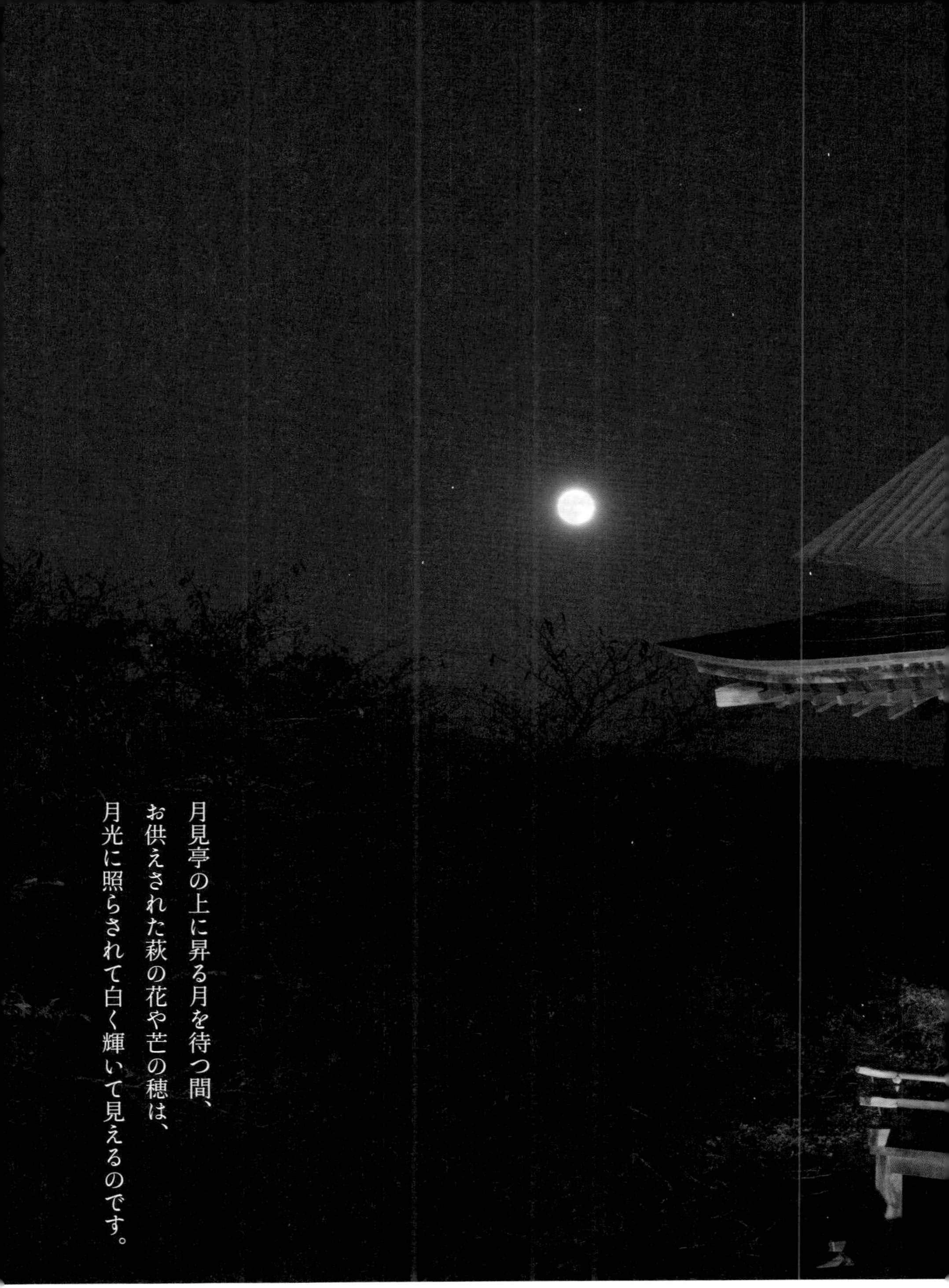

月見亭の上に昇る月を待つ間、
お供えされた萩の花や芒の穂は、
月光に照らされて白く輝いて見えるのです。

月見亭

毎月二十八日、お不動様のご宝前で護摩を焚く

如意輪観音半跏像（本尊御前立）

ほとけの誓い、おもき石山

紫式部ゆかりの寺にて

目次

ほとけの道をゆく

石山寺について 111

大扉　土佐光起筆　紫式部図
江戸時代　石山寺蔵

本書は月刊茶道誌『淡交』の令和四年連載「花の寺だより」と令和五年連載「仏の道をゆく」をまとめ、加筆や図版を加えたものです。

写真　田口葉子
装訂　大西未生
協力　大本山石山寺

花の寺だより

紫式部と物語のこと

物語とは不思議なものです。とても個人的なことがらであるにもかかわらず、誰の心にも深くしみこんでいく。私にはそれが謎めいてなりませんでした。

私の生まれ育った石山寺は、平安時代に王朝の貴顕《きけん》がこぞって参籠《さんろう》し、また女性たちが日記の中で参詣の記録などを残した場所です。

母なる琵琶湖から唯一流れ出す瀬田川、その豊かな流れのほとりに、石山寺はあります。

大提灯が見える門をくぐると、石畳の参道がまっすぐに伸びています。春は桜、霧島躑躅《きりしまつつじ》、夏は新緑、秋は紅葉に包まれる美しい道です。

階段を上りつめると、広々とした空間に突如として岩山が現れます。硅灰石《けいかいせき》という大きな石の山に建つ寺院であるから石山寺、その由縁がここにくるとわかります。観音さまが坐す本堂もこの岩山の上に建てられています。圧倒されるような量感を前にすると、大いなる岩それ自体が聖なるもので、昔の人がこれを霊石として上に観音さまをお祀りしたことも、ごく自然なことであると思えてきます。

さて、先ほど「参籠」という言葉を使いました。参籠というのは、ただ一日お参りするというだけではなく、何日間かお堂にお籠もりし、夜どおし仏に祈るのです。昔の人は夜が更けるまで読経し、僧侶とともに五体投地*などを行いました。そうして心にある苦しみや悲しみを打ち明け、どうかどうか願いが叶うようにと、姿なき仏に手を合わせたのです。

紫式部が石山寺を訪れたのは、寛弘元年（一〇〇四）、中秋の頃のことでした。当時、仕えていた中宮《ちゅうぐう》の藤原彰子《しょうし》が「新しい物語が読みたい」とご所望になり、紫式部がその命を受けました。けれども、彼女には物語が思い浮かびません。そこで石山寺に七日間参籠して、観音に祈りました。石山寺の観音さまは、清水寺、長谷寺と並んで三観音のひとつ。多くの人々の救いとなった、慈悲の仏です。

紫式部が参籠してちょうど七日目の夜、十五夜の月が琵琶湖の面《おもて》に浮かびました。たゆたう湖面に浮かぶ白い月。その清らなる様子を見て、紫式部の脳裏にひとつの物語が浮かびます。

「今宵は十五夜なりけりと思し出でて」と彼女は書き綴《つづ》りました。今夜は十五夜であったのだ、とお思い出しになられて……物語の主人公、光源氏が都から離れた須磨《すま》より残してきた人たちのことを思い出します。彼の心に浮かぶそのかなしさを、紫式部は風景からすくい上げたのです。この情景は『源氏物語』の「須磨」「明石」に生かされたと伝わり、石山寺は『源氏物語』起筆の地として知られるようになりました。

この物語を書き始めたとき、紫式部は三十代半ばで、夫と死別したばかりの頃でした。その悲しみを忘れるために物語を書いたともいわれています。

傷ついた心にしみ入る夜の風景は、彼女の心にどんなに慰《なぐさ》みとなったことでしょう。その祈りのなかで生まれたのが『源氏物語』です。ひとりの女性の手から生み出された物語が、千年経った今も多くの人の心を動かしていることはほんとうに不思議で、それこそが観音さまの霊験《れいげん》であるのかもしれないと、日々考えています。

＊五体投地…両手と両膝、額を地面につけ、全身を地面に投げ伏して行う拝礼。仏教においては最も丁寧な礼拝方法とされる。

さえずりの季節

節分を過ぎると、立春。春という名にふさわしく、石山寺では蠟梅《ろうばい》の花が咲き始めます。蠟細工のように薄く、透けたような黄色い花びら。蠟梅はそんなに多くはないのですが、近づくと、ほのかにかぐわしい香りが漂ってきます。この花びらを見ると、春の訪れを期待すると同時に、年月の移ろいの早さを感じるのです。

冬の間は何もかもがしんと静まりかえり、朝のお勤めでは手がかじかんで、印が組めなくなることもあります。けれど、「きっとそろそろあの陽射しがやってくるはず」「ああ、陽の光はこんなにあたたかい」と、毎年のように思うあの瞬間がやってくる。その光に照らされて、梅の花がぽつりぽつりと咲き始めます。最初は深い赤の寒紅梅《かんこうばい》、次にきりりとした白加賀が芽吹く。すると、冬の間どこへ行っていたのか、小鳥たちがいっせいに梢《こずえ》に戻ってきて、にぎやかに春の歌をさえずるのです。梅の間を飛び回るのはメジロやウグイス、ヤマガラ、そしてスズメたち。小さなふくふくとした身体で飛び交う彼らの歌はかすかなものであっても、私には大きな希望の歌のように聞こえます。

小鳥と一緒に暮らす私にとって、彼らは少し特別な存在です。今、わが家には小鳥が三羽。いつも私の帰りを待ってくれています。鮮やかな水色の小鳥たちはおしゃべりで、毎朝色々な言葉で私に語りかけてくれます。

私が最初に小鳥に接したのは、町のペットショップでした。小さなセキセイインコがケージに入って、売り出されていました。レモン色の頭に、水色の翼、つぶらな瞳。店員さんは私の手にそっとその子を乗せてくれました。その小鳥は本当に軽く、細い足で私の人差し指をつかんでいました。その足が、とてもあたたかかったのです。は虫類のような、堅くて爪のあるあの足が、あたたかい。それはわたしにとって衝撃でした。自分とは関わりのないと思っていた無機質ななにかが、あたたかさによって繋がれたような。絆を結ぶというのはこういうことなのかと、そのとき初めて感じたことを覚えています。それ以来、私は小鳥と暮らしています。

あるときは、真っ白な小鳥がうちにいました。その子は女の子で、たくさんの卵を産み、全部で六羽を育てた子育て上手でした。誰も教えていないのに雛《ひな》に器用に餌を与えるその姿からは、生きる強さを思いました。ですが、その子は病気になって、二歳になる手前に、病院へ連れて行く電車の中で死んでしまいました。

その日は二月十五日。ちょうどお釈迦さまが亡くなられた日で、涅槃会《ねはんえ》でした。私はその日の午後、子どもたちに涅槃会の法話をすることになっていました。

大切な存在をなくしたばかりの私には、子どもたち全員が、その白い小鳥のように見えました。

きっと誰しも大切な存在には、私がその小鳥に抱いていた、慈《いつく》しみのようなものを胸いっぱいに持っているのだろうと思います。

春、小鳥たちの声を聞くとき、私はいつも白い小鳥を思い出します。大切だった私の小鳥が、彼らとどこかで繋がっているような気がしてならないのです。

夢の桜

三月、暁に東の空を見ると、黄金色の光が満ちていて、夢と現実の境目がわからなくなるような心地がします。葉の落ちた木の幹の表面、苔むした岩なども徐々に明るい色に染まる時、寒さもようやく緩み、人も花々を求めて外に出かけるようになります。

石山寺では早くもお山が桜色に染まり始める頃で、寒桜、河津桜《かわづざくら》などは早くも二月には咲き始めています。少し小ぶりな彼岸桜や、葉と花が同時に芽吹く山桜も、競うようにつぼみを膨らませる弥生の頃。参拝者の方が少し長く滞在してお花見している姿が見られるようになると、私の心も少しほころぶような気持ちになります。

桜という花はとても美しく華やかですが、昔から人は様々な思いをその儚《はかな》さに乗せてきました。紫式部が夫を亡くしたあとも、夫の他の妻との間の娘から、桜の木の枝とともに手紙が送られたそうです。やりとりの中で、式部はこのような歌を遺しています。

散る花を嘆きし人は木《こ》のもとのさびしきことやかねて知りけむ（「紫式部集」四十三番）

――桜の散るのを嘆いていたあの人は、花の散ったあとのさびしさを、そして自分のいなくなったあとの子のさびしさを、知っていたのかもしれません

昨年末、師であった私の父も亡くなりました。この歌に重ねて、今年はまた違った思いで桜色を眺めることになりそうです。

美しさとかなしさを兼ね備えた桜は、石山寺のなかでも特別な花です。境内にある早咲きの桜の多くは、「夢の桜」と名付けられています。これは私の祖母のみた夢に由来しています。

昭和六十年（一九八五）八月、母の妹であった私の叔母は、墜*落した日航ジャンボ機に乗っていました。そのとき叔母はまだ二十代でした。死はいかに悲しいものでも、年長者から順番に逝《い》くのだとしたら、まだ天寿を全うしたと考えることはできるでしょう。けれど、まだまだ若いこれからの人の未来が絶たれたこと、そのときの母や祖母の悲しみを思うと、やりきれない思いで今でも胸がいっぱいになります。

事故のあと、祖母は夢をみたそうです。光る山にお堂があり、そこに犠牲者の方々が登っているのが見える。そしてその山には、桜が満開に咲いている……その夢をみて、石山寺の山に犠牲者と同じ数の桜を植えることを願い、寄進をしたのが「夢の桜」です。

「夢の桜」には早咲きの彼岸桜を中心に十種類あり、春先のまだ寒い季節から美しい花

を咲かせてくれます。事故からはもう何十年も経ちましたが、特別な思いで桜を見に来る人も少なくありません。私が案内した人のなかでは、一本の木に「○○さん、来年も来るからね」と呼びかけて帰っていく人もおられました。

人としての生が終わったとしても、桜となって毎年花を咲かせている。別のかたちで、その人が生き続けている。そう思うと、儚い人の一生というものは、仏の眼からみると本当は形を変えてずっと続いていくものなのではないでしょうか。

父のいない初めての桜の季節を、私は精一杯生きていきたいと思っています。

＊日本航空ジャンボ機墜落事故…昭和六十年（一九八五年）八月十二日、日本航空123便が群馬県多野郡上野村の御巣鷹山中へ墜落し、日本史上最大の被害を出した航空事故。単独機の事故としては世界最悪。

釈尊への憧れ

桜咲く、四月。染井吉野や枝垂れ桜、山桜。青空いっぱいに咲く薄い桃色の花びらは、風が吹くとさらさらと空を流れていくようです。花曇りの日もまた、山にほの白く霞《かすみ》がかかったような様子を眺めていると、桃源郷に来たような心地がします。遅咲きの里桜は、八重の華やかな大輪、色は可憐なピンク色。四月の下旬になっても咲いている、春の最後の桜です。同じ時期に薄紫色の三葉躑躅《みつばつつじ》も咲き始めます。その次は藤や霧島《きりしま》躑躅、牡丹《ぼたん》や石楠花《しゃくなげ》などの花々が薫り、次々に咲いてゆく季節。

四月八日は、釈尊《しゃくそん》（お釈迦さま）がお生まれになった日として知られています。インドとネパールの国境近くのルンビニという地、花の咲きほこる園で、釈尊はお生まれになりました。生まれてすぐに七歩歩いて「天上天下唯我独尊《てんじょうてんげゆいがどくそん》」と言われたのち、そのご誕生を祝福するために、龍王が現れて天から甘露《かんろ》の雨を降らせたそうです。これにちなみ、毎年この日には、寺院では「花まつり」が行われます。「花御堂《はなみどう》」と呼ばれる小さなお堂を作り、釈尊のお像に甘茶をかける「灌仏《かんぶつ》」を行ってご誕生を祝うのです。石山寺では旧暦で「花まつり」を行っていますが、昔は屋根をれんげ草で覆っていました。細々とした花の紫色もなつかしく思い出します。今ではもうれんげ草が採れなくなってしまい、代わりに折り紙で作った花の屋根飾りにしています。折り紙は折り紙で、また素朴でかわいらしい風情があります。

釈尊という人は、われわれ出家者にとって、やはり大いなる存在です。私の尊敬するお坊様の一人、明恵《みようえ》上人も、釈尊に対してとても大きな憧れを抱いていた方です。鎌倉時代、紀州のお生まれで、小さい頃に両親を亡くされた明恵上人は、釈尊を父として、*仏眼仏母《ぶつげんぶつも》を母として慕っていたそうです。そして、釈尊と同じ時代に生まれることができなかったことを、とても嘆かれていたという手紙が残されています。

釈尊への憧れから、明恵上人はインドの仏跡を一目見ようと何度も試みました。ですが、その度に様々な障害に遭《あ》い、出発することができなかったそうです。悲嘆に暮れた上人は、遠くインドに続いているだろう海で石を拾い、それを生涯大切にしていたという逸話もあります。それだけでなく、明恵上人はもし自身がインドに生まれていたら……ということについても考えていたようです。もしもインドに生まれていたら、ただ仏跡を訪れ、釈迦如来と会ったような気持ちになり、仏道修行などもしなかっただろう、と上人は残しています。仏跡を巡礼することができないからこそ、釈迦の境地へ一歩でも近づくために、勉学に励み、日々精進していたのでしょう。

純粋に、まっすぐに釈尊に憧れた明恵上人のことを思うと、胸に迫るものがあります。釈尊と、釈尊を慕った明恵上人のことを思いながら、花の季節に、私も日々仏道を歩みたいと願っています。

*仏眼仏母…真理を見つめる如来の眼を神格化した仏

笹舟の旅路

花びらが川の流れに吸い込まれ、白いボートのように流れていきました。里桜が散る頃、若い柳がやわらかな葉をそよがせるようになります。参道の両側には燃えるように赤い霧《きり》島躑躅《しまつつじ》。藤棚には紫雲のような藤が薫り、豊かな花々の中を行き交う虫たちの黒い背からは、はやくも初夏に息づく生命力が感じられます。

五月はお祭りの季節です。高い石段を御神輿《おみこし》が上がってくる「石山祭り」、高さ五メートルもの青鬼の像を杉の葉で作る「青鬼まつり」といったダイナミックな祭りが続きます。人の心とともに、神仏も喜ばれているような皐月の明るさがいっぱいに広がります。

すっかり暖かくなったこの時期になると、思い出すことがあります。境内のお庭近くの川で、小さな頃、よく笹舟を作って遊んでいました。笹の葉を折って、舟を作って川に流すのです。私は人生の苦しいことに目を向けてしまう子どもでした。人といるよりも草木や自然といるほうが落ち着いて過ごせることがわかっていて、境内を逃げ場所のように思っていたこともありました。周りの木々は青々として、小さな川の水はひんやりと冷たく、陽の光を受けてきらきらと輝いていました。沢蟹《さわがに》が一生懸命歩いているのを眺めながら、さく、さく、と音を立てて笹舟を折っていきます。すると、なかなか立派な舟ができあがります。そうして舟を川に浮かべ、さらさらと流れるその行く末をただ見ている。たったそれだけの遊びでした。その時間が今こんなにも光に満ちて、何かの象徴のようにまぶたの裏に残っていることを、時々不思議に思い返します。

境内の川には、お山からの湧き水が流れています。『石山寺縁起絵巻』には、創建当初、良弁僧正《ろうべんそうじょう》によってこの場所が見いだされた時、山の半ばに不思議な岩があり、清らかな水をたたえた池があったと記されています。「山の半腹に八葉の巌石《がんせき》あり　奇雲《きうん》なびきくだりて帯をなせり　誠に大聖垂跡《だいしょうすいじゃく》の勝地なりといへり　みれば前に池あり　八功徳池《はっくどくち》の流をうけて弘誓《ぐぜい》のふかきのりをゝしへ　後に山あり補陀洛山《ふだらくさん》のかたちをうつして大悲《だいひ》のたかきめぐみをあらはすものなり」。八葉の蓮華のような形の巌《いわお》と、美しく清らかな水、そして、まさに観音さまが住まうとされる補陀洛山そのものの霊山。それらがこの地を観音垂迹の地たらしめる、大きな要素であったことが伺えます。

神仏にお供えする水を「閼伽《あか》」といい、今でも閼伽には山からの湧き水を使っています。元旦には夜中の二時に初水を汲み、お堂の水をすべて換えてから、水を加持する法要を行います。座主《ざす》が必ず出仕しなければならないとされる、大切な法要です。一説によると、「お水取り*」のために若狭《わかさ》から「お水送り」として送られた水が東大寺にたどり着く前に、石山の地に湧き出していると伝えられます。事実かどうかはさておき、なにか法の流れというか、水を介した神仏の気配がするのは、きっと気のせいではないのでしょう。

その神聖なる水に触れてきたから、私はなんとか大人になることができたのだろう、と今では思います。水を通して、木々を通して、その空気を通して……神仏はきっと私を助けてくれていた、という気がしてなりません。生きづらかった私に、たくさんのご加護を授けてくれていたのだと思うのです。

*お水取り…奈良東大寺二月堂の修二会の行事の一環。三月十二日(陰暦二月)から翌朝にかけて、堂前の若狭井の水を汲み、加持し、香水とする儀式。

雨の小さき生き物

新緑がほどなく濃い緑色に変わりつつある六月、境内の無憂園《むゆうえん》では花菖蒲《はなしょうぶ》が咲き始めます。無憂園という庭は、私の祖父が造った庭園です。「憂《うれ》いの無い園」とは美しい名前で、釈尊《しゃくそん》がご誕生されたのが「無憂樹《むゆうじゅ》」という樹の下であったことが、この庭の名称の由来となっているようです。花菖蒲の青紫は木々の緑によく映え、紫陽花《あじさい》の真っ白な花びらも日を追うごとに紫がかってくるのがこの頃。滝の音を聞きながらこの庭を眺めると、梅雨間近の花はいっそう鮮やかで涼しげな色が多く、早くも夏の気配を感じさせてくれます。

雨の匂いがする、少し蒸し暑い日にふと足下をみると、小さな生き物をみつけることがあります。例えば、沢蟹《さわがに》。境内の小川にいる沢蟹は、雨が降ると遠いところまで遠征をするようです。とうていかなわない大きさの人間に向かって、小ぶりなはさみをふりかざしてくる姿が愛らしく、一生懸命な様子に思わず顔がほころびます。また、何といってもこの季節のかわいらしい生き物がかたつむりです。まだ殻が透き通っている、おそらく生まれたてのかたつむり。小さな体で精一杯前に進んでいます。時折「かたつむりを久しぶりに見た」というお参りの方のお声を聞くことがあります。都会では、彼らの姿を見ることが少なくなってきているのかもしれません。かわいらしいと言いつつも、私は残念ながらかたつむりが苦手で、触ることができません。ですが、道のど真ん中にいる子をみると、どうしても助けたくなってしまいます。そういう時は手頃な葉っぱを拾って、どうにかそれに乗せて、日陰に移してやります。

この境内は古くから殺生禁断《せっしょうきんだん》の場所とされています。『石山寺縁起絵巻』には、川で魚を捕り、山で鹿を狩っている人が戒《いまし》められている場面が描かれています。できればどんな小さな命も、奪うことをしない聖地なのです。

お釈迦さまの時代、暑いインドの地では、雨季は地面に多くの生き物が這《は》い出してくる季節でした。僧侶たちが*托鉢《たくはつ》や修行に出かけるとき、気がつかないうちにそういった命を踏みつけてしまうことがあります。それを防ぐため、外に出ずに洞窟《どうくつ》や寺院に籠《こ》もり、修学に励むのが「夏安居《げあんご》」という期間です。いかに小さな命でも、奪ってしまうのは悲しい。遠い昔から、その命のまま、生をまっとうしてほしいという思いがあったのです。

他者や他の生き物を助けることは、しばしば尊いことといわれますが、人は決して他者のためだけに慈悲を起こすのではないのだろうな、と思います。私が彼らを助けるのは、その子の悲しい姿を見たくない、という思いが大いにあるのです。それはある意味、慈悲というよりはエゴに近いものなのかもしれません。

ただ、時には足下をみつめて、小さな命に慈《いつく》しみのまなざしを向けることが、自然の循環のなかにおかれた自らの生をみつめることなのだ、という気がしています。

＊托鉢…修行僧が布施の米や金銭を鉄鉢で受けてまわること。

仏のすみか

雨上がりの空がいっそう眩《まぶ》しく光る、七月。うだるような暑さにはまだ早い、梅雨のさなかです。いつの間にか蟬の声が、海鳴りのように聞こえ始めます。雨が上がり、晴れた日には外の光がお堂の中に差し込み、様々なものの色を変えていきます。本堂の外にはたくさんの風鈴が吊るされ、風が吹くたびにきらきらと音を立てます。

この時期のお花は紫陽花《あじさい》や沙羅《しゃら》、金糸梅《きんしばい》、そして蓮《はす》の花。蓮は堅い蕾《つぼみ》から瞬《また》く間に花開き、開花の瞬間には「ポン!」と音がするとか。厚い花びらは白から薄桃色へとグラデーションをつけたような色で、天に向かって伸びる大輪と大きな丸い葉は、大胆な筆致で描かれた絵のようなすごみがあります。蓮はよく知られるとおり、仏教とかかわりの深いお花です。泥の中から咲くのに泥に染まらず、清浄な花を咲かせる姿。これは俗世に生まれてもさとりを開くという、仏の姿の象徴として尊ばれます。

七月の空は曇りのことも多く、はやく梅雨が明けないかと待ち遠しく過ごします。轟音《ごうおん》とともに突然の大雨があり、急いで雨宿りをすると、そのうち雨が上がる。晴れた空から陽が射しこみ、草木の露に写ると目映く、それは自然が生み出した儚《はかな》い宝石のようです。

夏は、私の一番好きな季節です。お堂の中に夏の光が差し込んでくると、観音さまのお像に木々や青々とした葉が写り込みます。この時期にしか見られない、金色や緑色の混じり合ったその色は、ため息が出るほどの美しさなのです。

私はこの色を見ると「瑠璃光《るりこう》」という言葉を思い出します。目を閉じて、「瑠璃色の光」とまぶたの裏に観じるだけで、何か美しいものがこみ上げてくるのがわかります。瑠璃光というのは薬師如来という仏さまにかかわる言葉です。瑠璃とはラピスラズリ、もしくはサファイアなどの青い宝石のこと。薬師如来という仏さまの別名を「瑠璃光如来」といい、薬師如来のおられる浄土を「浄瑠璃世界《じょうるりせかい》」といいます。薬師如来は薬壺《やっこ》を手に持ち、やさしい表情をたたえて人の病を平癒《へいゆ》する仏さまです。その浄瑠璃世界の大地は、清らかな瑠璃でできており、七宝《しっぽう》によって荘厳されているのだと経典に描かれています。

深い青の光で飾られた世界は、想像しただけでも輝かしさに目が眩むようです。

日本人にとって「浄土」といえば阿弥陀さまの極楽浄土を思い浮かべる人がほとんどだと思いますが、そのほかにも、仏のおわすところは数え切れないほどあるとされています。

仏教の世界観では、世界は須弥山《しゅみせん》という高い山を中心に展開しています。須弥山の周りは海になっており、四方にそれぞれ島があります。南の島は「贍部洲《せんぶしゅう》」といい、これが私たち人間の住む世界です。須弥山には神々の住まう世界があり、仏の世界はその上方に、無数にあるとされるのです。阿弥陀如来の極楽浄土は西に、薬師如来の浄瑠璃世界は東に。

神仏は実際に私たちの目の前に現れてくれることはありません。ですが、はるか遠くであっても、方角が決まった地続きの、どこか私たちの世界とつながっている存在なのです。そのことを思うと、私は何か救われたような気持ちになるのです。

八朔

蟬《せみ》の声が岩にしみ入る、八月。からりと晴れた空なら、眩《まぶ》しい陽射しを受けて一面の青を見上げます。雨曇りの日はどんよりと白い空。夕立が来る前には空気がずしりとした重みを含み、予想したとおりの大雨がやってきます。たたきつけるような雨は温かく、子どもの頃海水浴に行って、身体を真水で洗ったときの感覚が思い出されます。

雨が止むと、やってくるのは夏の夕暮れ。金色の光の中でひぐらしが鳴き、木々がさわさわと揺れる音を聞く時間は、涼しさに包まれます。「夏は夕暮れ」と清少納言も書いたとおり、昔から多くの人が夏の黄昏《たそがれ》時を楽しみにしていたのでしょう。

百日紅《さるすべり》は六月頃から芽吹き、八月に最も美しい時季を迎えます。天高く色鮮やかな夏の花。凌霄花《のうぜんかづら》も蔓をいっぱいに伸ばし、木槿《むくげ》の花も塀から顔を覗《のぞ》かせます。私は一年を通して、木槿の花が一番好きです。大ぶりな花びらでも薄くやわらかで、心が癒《いや》されるようなやさしい気持ちになります。この時季はどれも見上げるお花。陽の光をうけるのが嬉しくて、成長していく姿は生命にあふれています。

八朔《はっさく》の日は、石山寺ではお墓参りの日です。早朝のまだ薄暗い空の下、お寺を出て、境内から少し離れた墓地にお参りをします。石山寺の境内にはお墓がありません。歴代座主や石山寺にかかわった僧侶たちは、境内から少し離れた墓地に眠っておられます。大きな柿の葉にお米を包んだ供物《くもつ》を五輪塔《ごりんとう》にお供えしてお経を唱えます。私もきっと、ずっと後であっても、ここに眠るのだろうなと思います。

八朔の早朝から墓参りをするのは、私たちだけではありません。地元の方々や他宗のお坊さんが、墓地のあちこちでお経を上げてお参りをしています。僧侶たちの色とりどりの衣や、さまざまに違ったお経、祈る人々。それは仏教行事に間違いないのですが、私はなぜか毎年、不思議な異国の宗教行事を見ているような気持ちになるのです。学生の頃に旅したインドで、明け方のガンジス川を眺めていたときのような。茶色い水の聖なる川に沐浴《もくよく》し、朝日に向かって祈りを捧げる人たちのような、神聖で純粋な祈りがそこにはある気がします。

「現代の人は祈りを忘れている」といわれることが時々あるけれど、どれだけ生活が豊かになっても、人間は祈ることをやめないのだと思います。

私たちがご先祖さまの安寧を祈るとき、ご先祖さまがいつも私たちを見守っていて、嬉しいことや悲しいことに寄り添ってくださる、ということが、小さいとき本当は重荷でした。彼らが見守っているならば、自分はまっすぐに生きなければならない、と。

大人になった今、自分が小さな子どもを見るとき、ただただその子らが健やかであるようにと願います。そして、ご先祖さまという存在もおそらくそうなのではないかな、と思うようになりました。

私たちが幸多かれと、あたたかなまなざしを向けてくれる存在。それがご先祖さまであり、そのまなざしを受け取って、手のひらで大事に温めることが供養するということなのだろうと、今は思います。

墓参から帰ると、境内の小川で念珠を洗います。ご先祖さまに思いを馳せながら、八朔の日は明けていきます。

兎の住む月

秋の風の色。明るい夏の日が、少しずつ秋のものに変わっていく九月。太陽が沈むのが日を追うごとに早くなります。夏の暑さにはうんざりしているはずなのに、それが少しずつ失われていくことに、名残惜しさを感じるせつない季節。清々しい秋になっても、夏の明るさを恋しく思い、憧れたままでいた子どもの頃を思い出します。

萩《はぎ》の花は、細やかな紫色の花をたくさんつけて、道行く人の肩を撫でていました。お地蔵さんのある道にふさふさと群生していて、祠《ほこら》があるのに気づかないくらいの茂み。それは豊かな実りの象徴のようでした。今ではその萩の花も、残念ながら野生の鹿にほとんど食べられてしまい、昔ほどの景色は見られなくなってしまいました。鹿も生きているからしょうがないけれど、やはりもう一度、あの花に指先で触れてみたいな、と思うこの頃です。

一年で最も月が美しいのは、中秋。紫式部が石山寺に参籠《さんろう》し、琵琶湖に映る月を見て、『源氏物語』の着想を得たとされる、旧暦の八月十五日の夜です。今年（令和四年）は九月十日が中秋にあたり、その日には紫式部を供養する法要と、夜の境内でお月見会を行います。月見亭の上に昇る月を待つ間、お供えされた萩の花や芒《すすき》の穂は、月光に照らされて白く輝いて見えるのです。

小さい頃、月には兎が住んでいて餅つきをしている、と聞かされました。大きな満月をじっと見ていると、なるほど本当に兎が餅をついているように思えてきます。『今昔物語《こんじゃくものがたり》』のなかには、月に兎が住んでいる理由が書かれています。

今は昔。天竺《てんじく》（インド）に兎と狐と猿が暮らしていました。三匹は菩薩《ぼさつ》の道を歩むために日々精進努力していました。そこに、お腹を空かせて死にそうな老人がやってきます。三匹はその老人を養うため、それぞれに食べ物を探してきます。狐は魚などを捕り、猿は木の実を採ってきて老人に差し出しました。兎は懸命に食べ物を探すのですが、どうしても見つけることができません。そこで兎は、「火をおこして待っていてください」と言います。狐と猿が言うとおりにすると、兎は自分を食べてもらうため、火の中に飛び込み、死んでしまいました。老人は、実は帝釈天《たいしゃくてん》の化身であり、三匹を試すために老人の姿になっていたのでした。帝釈天は兎の尊い姿を抱きとめ、すべての人が見られるように月に移したといいます。だから私たちは今でも、月に兎の姿を見て、その慈悲に満ちた行いを思い出すことができるのです、と。

これは釈尊《しゃくそん》が生まれる前の物語『ジャータカ』がもとになっています。人として生まれる前、釈尊は様々な生き物として生まれており、この兎もその生の一つだったということです。

仏教が興《おこ》ったインドは、灼熱の地。インドの人々にとっての月は、太陽よりも有り難く、夜をすずやかに照らす美しいものだったそうです。そこに映る兎とその尊い行いを重ね、昔の人も清らかな思いで月を眺めていたのでしょう。

今年も中秋には、美しい月が見られることを待ち望んでいます。

いわし雲に思う

彼岸花が姿を消す頃、いつのまにか金木犀《きんもくせい》が薫るようになります。甘やかな匂いが遠くから風に運ばれてきて、窓からふわりと薫る。小さな花びらは、雨に打たれてぽろぽろと地に落ちて、はかない姿を見せます。この薫りがすると、一年も残りわずかなのだな、という思いにかられます。

水の中で魚が寝ているよ、と小さな子がお父さんに呼びかけました。池の中では鯉がじっとして、胸びれだけをゆらゆらと動かしています。水面には水色の空が映り、苔むす庭園にはピラカンサスの赤い実、ほほえましい秋の風景。風が涼しくなって、空にはいわし雲が流れていました。

学生の頃はいわし雲を見ると、自分も生まれ変わったらいわしの群れの一匹になりたいと思っていました。その頃は色々なことに締め付けられて、自分の存在や思考をどこかに委ね、流れるように生きられたらと、どこか夢見るような気持ちでいたのでしょう。今ではもうそういうことは考えませんが、いわし雲はその思い出と結びついて、私の胸深くにある何かを呼び起こします。

来世は魚に生まれたりするのかしら、と考えることがあります。輪廻転生《りんねてんしょう》、生まれ変わり……生きとし生けるものがその循環のなかにいるということは、仏教を知る上での第一前提として語られてきました。私が私として生まれる前は、別の存在で、私が死んだ後は、また別の存在に生まれ変わる……。前に書いた月の兎の話も、生まれ変わりの物語です。

釈尊《しゃくそん》は、「人は死んだらどうなるのですか」という質問に対して、何も答えなかったそうです。そういった答える必要のないことに沈黙でもって回答することを「無記《むき》」といいます。肝心なのは今をどう生きるかであって、死んだ後のことではない、と釈尊は言いたかったのでしょう。

それでも、長いあいだ、命はどこから来てどこへ行くのかということは、人間にとって大きなテーマとなってきたのです。

『大鏡《おおかがみ》』や『栄花物語《えいがものがたり》』によると、平安時代、宮中にて栄華を極めた藤原道長は、聖徳太子や弘法大師の生まれ変わりとされています。弘法大師も唐の高僧不空三蔵《ふくうさんぞう》という人の生まれ変わりとされ、六十二歳の時から現在に至るまで、高野山奥之院で禅定《ぜんじょう》に入っているという伝説があります。ここでは弘法大師は転生という方法は選択していません。

平安時代には夢や転生をモチーフにした、『浜松中納言物語《はままつちゅうなごんものがたり》』が書かれました。主人公である中納言が、亡くなった父親を唐の国まで探しに行き、出会い、また別の人の生まれ変わりを探し……と、輪廻の世界を生きる人々が描かれます。このお話は『源氏物語』を下敷きにしており、藤原定家の『松浦宮物語《まつらのみやものがたり》』や、ずっと後の時代の三島由紀夫『豊饒《ほうじょう》の海』にも大きな影響を与えたといわれています。

亡くなった人の行方や、自分の行く末を気にしていたのは、昔も今もきっと変わらないことなのでしょう。わからないからこそ人は思い描き、祈るのだと思います。

長いようで短い人生のなかで、いかに生きるか。そのあとどのように続く生であったとしても。秋の空を眺めながら今日も考えるのです。

夜と暁の夢

月が明けてから徐々に色づく楓《かえで》。その小さな葉が、ひやりとした風に吹かれています。青々とした竹林の見える庭には、透き通った秋の空の光。参道の銀杏《いちょう》を見上げると、輝くような黄金色に染まる木の葉が青空に最も映えている。灯台躑躅《どうだんつつじ》も少しずつ淡く色を変えていきます。

十一月の中旬、境内全体が紅葉に彩られます。帯のように重なる紅《くれない》は、山のてっぺんからお寺の参道まで流れるように続きます。トンネルのような紅葉をくぐったり、雨上がりに濡れた深い赤を眺めたり、楓の高木を見上げて、隙間からこぼれる光に当たったり……そうしていると、今、美しい季節のなかに生きているのだと、心の底から感じられるのです。

この季節は毎年夜間拝観を行い、昼夜問わずたくさんの方がお参りに来られます。夜の境内はしんと静まり返って、ほの明るく照らされた木々や多宝塔はあたたかく、心にしみ入る風景です。

夜のお参りをするたびに、「石山詣《いしやまもうで》」のことを思います。平安時代、貴族の間で流行した石山詣は、石山寺に日を決めて参籠《さんろう》（お籠もり）するというもの。蠟燭や灯籠の火だけをたよりに、夜通し読経や修行をして、観音さまにお願いごとをするのです。『石山寺縁起《いしやまでらえんぎ》絵巻《えまき》』の中には、そうすることで観音さまの霊験《れいげん》を得たというお話がいくつも残されています。

『蜻蛉日記《かげろうにっき》』の作者である藤原道綱母《ふじわらのみちつなのはは》は、日記の中で石山詣について語っています。夫の兼家《かねいえ》が自分のところに通ってこなくなったことを嘆き、都を明け方に出発して、徒歩で石山詣を試みたのです。貴族女性がたった一人で外に出るなど、当時はあり得ないこと。それに気づいたお供の人々が途中で追いかけてきて、彼女らは少人数で石山寺に向かいます。粟田山《あわたやま》で疲れて休んでいるときにはなぜか涙が出てきて、道行く人はどのように私を見ていたのだろうと思うと走るように道を進んだ、とあります。打出浜《うちでのはま》からは船に乗って、石山寺に到着したのは申《さる》の刻の終わり、夕方のことでした。

少し休んで沐浴をして、お堂に着き、夜になって仏に何もかも申し上げようとしても、涙が止まらず言葉になりませんでした。次の日もそのように過ごし、まどろんでいると、明け方に夢をみます。法師がやってきて、道綱母の膝に銚子《ちょうし》で水をかけるのです。道綱母はこれを仏の見せた夢だとして、また涙を流したと記されています。

平安時代に流行した庶民の歌のなかに、このようなものがあります。

仏は常にいませども　現《うつつ》ならぬぞあはれなる

人の音せぬ暁《あかつき》に　ほのかに夢に見えたまふ（『梁塵秘抄』）

仏は実体をもって私たちに語りかけてくれることはありません。ですが、目にした風景やふと思い浮かぶこと、誰かの言葉、そして暁にみる夢……そういったものを通して、いつも私たちに語りかけてくれているのだ、とここでは歌われています。

秋の夜を照らすあたたかな外灯と、うっすらと浮かび上がる紅葉。その参道を歩くとき、昔の人の嘆きや祈り、それに応えてきた観音さまの心も、ほのかに伝わってくるような気がするのです。

草花の祈り

十二月は、静かな冬の世界。このあいだまでにぎやかだった紅葉の参道は、みるみる枯れ葉に覆われ、あとにはモノクロの世界がやってきます。枯れ枝は水墨画のように空へ伸びて、しんと静まりかえる。常緑樹に咲く山茶花《さざんか》や寒椿《かんつばき》は唯一の彩りです。赤や白の花びらが露に濡れ、ときには霜《しも》に覆われて、冬の朝日に照らされるときの美しさは、表しようがありません。

乙女《おとめ》山茶花は、少女のように可憐なお花。私の祖父は乙女山茶花が好きで、境内にたくさん植えたそうです。とても厳しいお坊さんだった——色々な人から伝え聞く祖父の写真は鋭いまなざしの厳しい表情ばかりですが、私の記憶のなかでは、いつも話を聴いてくれて、お菓子をくれたやさしい人でした。乙女山茶花を見るとき、厳しいといわれていた祖父にも繊細な、やさしい表情があったことが思い出されます。ひとりの人がどういう人だったかなんて、きっとひとことでは言い表せないのでしょう。

十二月一日は、お火焚《ひた》き。境内の神さまのお社の前で、早朝から火を焚いて地を浄《きよ》めます。伽藍を守護するたくさんの神さまの社祠《しゃし》の前で火を焚き、一年の不浄を焼いて祈るのです。まだ暗い境内で灯火をつけ、社に向かって読経すると白い息が広がります。杉の葉は赤く、パチパチと音を立てて煙をなびかせながら燃えていきます。そのうちに空が白んできて、誰もいない境内が葉擦れの音や鳥たちの声で賑わいます。

そうして新しい年を迎える準備が足早に始まっていきます。三千の仏に五体投地を行い、過去・現在・未来の罪障《ざいしょう》を消滅するという仏名会。事始めには本堂の大掃除。法要には終《しまい》観音、終弘法、終不動と最後の縁日を迎え、お餅つきを行い、鏡餅を飾って、晦日《みそか》には諸堂の仏さまにお礼参りに行くのです。

矢のように過ぎる十二月。一年が終わるというのは暦の上のことで、ただの一日が終わって新しい朝がくる、本当はそれだけのことなのです。人が決めた理《ことわり》のなかのできごとなのに、それでも、穏やかに終わっていく大きな流れが肌で感じられる。きっとこうして昔からたくさんの人がこのお寺で時を過ごしてきたのです。仏の目からみたら、その一瞬のどんなに短いことか。当たり前のようで当たり前でない、この今という時を過ごし、眠りにつき、また朝を迎える。それはきっと、奇跡のようなことなのでしょう。

ふと空を仰ぐと、蠟梅《ろうばい》の木に小さなつぼみを見つけます。これがもう少しすると甘い薫りとともに、繊細な花を咲かせるのです。今年の最初にこの花を見たときの残像が昨日のことのように思い出されます。月日はそうして過ぎていって、枯れた花は咲き、また枯れて、命が巡っていくのでしょう。

誰も自分のことを見てくれない、と思っていたときも、木々や花々はいつもそこにあって、包み込んでくれていました。鳥の声や虫たちのささやき、雨のしずく一粒一粒には、何かが宿っている。それはたぶん神仏のまなざしであって、そういう存在がいつも自分を見てくれているという安らぎは、私が生きていく上で、本当にかけがえのないことでした。

自分はひとりだと思うとき、そういった存在に目を向けてほしい。あなたは、ひとりではないから。そういうことを伝えたくて、私はこの文章を書いていたのだと思います。

石山寺

石山寺

令和五年四月十日、第五十三世座主就任を披露すべく行われた晋山式

時には足下をみつめて、
小さな命に慈しみのまなざしを向けることが、
自然の循環のなかにおかれた
自らの生をみつめることなのだ、
という気がしています。

南無観世音菩薩
南無観世音菩薩
南無観世音菩薩
南無観世音菩薩
湖
霊場
BIWAKO 108 Hallowed ground
納経所
近江西国三番
御本尊御真言
結縁の綱

右頁／本堂（国宝）の外陣　上／毎年五月に行われる青鬼まつり

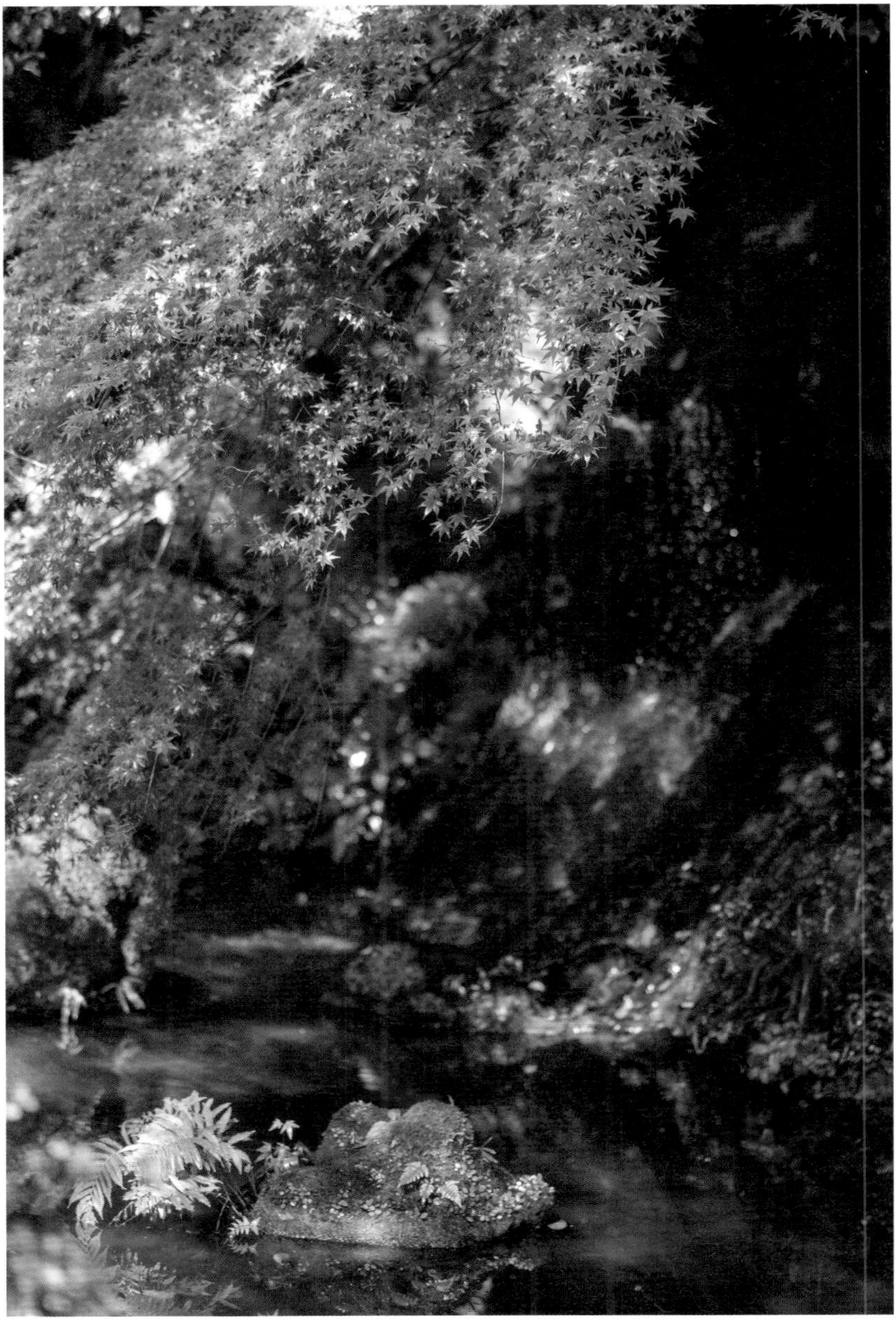

右頁／鬼となって石山寺の経典と聖教を守っていると伝わる朗澄律師

上／境内に吊るされた風鈴　左頁／毎年八月九日に行われる千日会

石山寺
千日会

もう出会えない誰かとの思い出や、
昔見た美しい景色。
再び手に入れようとしても、
手に入らないもののことを考えるとき、
自分の人生におきたできごとは、
本当は幻だったのではないかと考えるのです。

瀬田川の水面に映る月

ほとけの道をゆく

青年の夢

生きることに意味を見いだせない。そんなトンネルが急に開ける瞬間が、人生にはあります。私がそういう暗い時代を過ごしていたとき、躍《おど》るような、強く脈打つような筆跡に出会いました。まだ二十四歳の弘法大師が著した『聾瞽指帰《ろうこしいき》』という書です。その筆遣いの力強さは私の心を打ちました。私がその書と出会い、自分の生きる道を見いだしたのも、大師がその作品を記したのと同じ二十代のことでした。

聾瞽という文字は、最近は差別的な意味合いがあるとして使われませんが、漢の文人枚《ばい》乗《じょう》の記した「七発《しちはつ》」にある「瞽《めし》いたるを発《ひら》き、聾《みみつぶ》れたるを披《ひら》く」に由来しています。目の見えない、耳の聞こえないのを打ち破って光が差すように、つまり仏法に疎《うと》い人がいかにして進んでいくかを説いた書だというのです。

この書は後の作品『三教指帰《さんごうしいき》』の草稿となったとされています。儒教、道教、仏教の三つを比べた戯曲風の作品で、戯曲風、というのが若き大師のユーモアを感じさせます。そして、三つの教えのなかで、仏教が自らの進むべき道だと表明した書だといわれています。

当時の私は、自分とほとんど年が変わらない若者が、こんなに力強い書を書けることに驚愕《きょうがく》しました。それに比べて自分は何をしているのか、と強烈に思いました。同時に、真言宗を開いた弘法大師と、今に生きている自分を比べたのもそれが初めてでした。このできごとは衝撃的な体験として私の中に残り、今も原動力となっているように感じます。

弘法大師は十五歳で平城京の大学に入り、官僚の道へ進むため、大学で中国の政治、詩歌などの学問を徹底的に学んでいました。また儒教的な「経書《けいしょ》」、道教的な「緯書《いしょ》」をすべて頭の中に納めていたと考えられます。ところが、明晰《めいせき》な頭脳を持ち、当時のエリートコースを進んでいたにもかかわらず、仏教に心を惹かれ、大学を途中で辞め、山林に入って修行するようになります。二十四歳から三十一歳までの七年間は空白の時間といわれ、彼が何をしていたか、全く記録に残っていません。

インドに於《お》いて、釈尊《しゃくそん》は王子の身でありながら山に入りブッダ（覚者）となりました。そういった覚者の列に、自らも身を投じたいという弘法大師の決意がこの書には表されています。スタンダードから外れて自らの道を行くという選択は、いつの時代も修行者が通るべき道なのかもしれません。

私は小さい時から僧侶になりたいと願っていました。毎日庫裡《くり》の持仏堂《じぶつどう》に行っては観音さまに手を合わせ、その日のできごとを報告したり、「こうなりますように」と願ったりしていました。厳粛な空気のなか、お勤めをする祖父や父の背中には、大きな憧れを感じました。不思議なことですが、観音さまは私にとって、家族の絆のような存在でした。それにいつかは自分がその道に入っていくのだろうと漠然と思っていました。

けれど、ただ大人になっても、私には立派な場所があるけれど、周囲の期待に応え、自らの中に決定的ななにか、僧侶として生きていく覚悟のようなものは、無い。そういう長いトンネルの中にいたように思います。そんな時に出会ったのが『聾瞽指帰』。私も望まれた道からはみ出して、ほんとうに心から仏道を歩みたいと思わせてくれたのがこの書でした。

やがて弘法大師は唐に入り、密教を学びます。生きているこの身のまま仏であると、生涯をとおして多くの人に伝えていくのです。千二百年前の青年の書に私は影響され、今を生きているということも、とても不思議な縁であると感じています。

胡蝶・夢・幻

「胡蝶《こちょう》の夢」という故事があります。中国の思想家である荘子《そうし》が、自身が蝶になった夢をみたという話です。花から花へふわりふわりと飛んでいく心地のよい夢でしたが、夢から醒《さ》めると彼はいつもの部屋にいる人間でした。そのとき荘子は、果たして自分は人間なのか、いやもしかすると実は自分は蝶で、今、人間になった夢をみているのではないかとしばし考えたそうです。

ふと自分の人生を振り返るとき、あれは夢だったのではないか、と思うことがあります。もう出会えない誰かとの思い出や、昔見た美しい景色。再び手に入れようとしても、手に入らないもののことを考えるとき、自分の人生におきたできごとは、本当は幻だったのではないかと考えるのです。人間の記憶や思考というものは曖昧《あいまい》で、都合の良いように脳が見せている幻かもしれないのです。

一夜の中にも無数の夢を見て、まどろんでいるときにはそれを現実と思い込む。恐ろしい夢から目が覚めると、「夢だった」ということにようやく気づく……過去というものはある意味、夢のようなものなのかもしれません。

弘法大師の著作と伝わるもののなかに、「十喩《じゆうゆ》を詠《えい》ずる詩《うた》」があります。十の譬《たと》えを用いて、現象にとらわれず、静かに自心をみつめることによるさとりを説いたもので、教義を説くものでありながら、詩として読むと非常に味わい深い作品です。十の譬えのうち最初に挙げられるのが、幻です。ここには最初に述べたことと、同じことが書かれています。

春の園に桃の花が咲いていると、私たちは自然と心を喜ばせ、秋の湖に映る月を見ると、うっとりとした気持ちになります。けれど現実の季節を映し出す景色は常に移ろい、いわば、幻のようなものです。それに心を動かすのが人の迷いであるというのです。

音の響きにも同じことがいえます。うつろなる谷に小石が落ちたとき、小さな音が何重にも聞こえて恐ろしく思えてきます。ですが、実際には小さな石が谷へ落ちていっただけで、それを聞いて心が反応しているだけなのです。同じ音を聞いても、ある人は怒り、ある人は喜ぶ。ただ音がどこから来たのかと考えても、どこにもその実体はありません。火のついた縄を手に持ち、ぐるぐると回すと、遠心力で火の輪に見えてきます。そこに明明とした輪が存在するように見えるのですが、実際にあるのは自分の腕によって回される、火のついた縄だけだということ。

夢。鏡の中の像。蜃気楼《しんきろう》、こだま、泡沫《うたかた》、虚空《こくう》に咲くという華……様々な譬えが繰り返され、確固たるものなど何も無いのだと詠《うた》われるのです。

目の前に居る人も、手に触れるものさえも、本当は自分のみている夢なのかもしれません。一方で、目に見えるものや音、匂い……そういったものを通してしか、私たちは世界を知ることができません。而して《しこう》、それが絶対のものではなく、移りゆくものだと知ればいいと思うのです。自分を苦しめる言葉は、ただの音の響きでしかなく、やがて止んでいくもの。自ら享受する喜びも、苦しみと同様、いつまでも続くものではない。ずっと続くと思うから、それが苦しみのもとになっていくのでしょう。

いつまでも喜びが続かないと聞くと、少し悲しくなります。でも、いいことだけがずっと続くのは、果たして幸せなのでしょうか。悲しみや苦しみのない人生も、きっと少し寂しい。

そして、一瞬の喜びや悲しみにも無上の価値を見出すことが、生きているということなのだと思います。

照らす光

朝焼けほど清らかなものはない。境内の高台から朝の光を受けて瀬田川を見下ろすとき、いつもそう思います。空が淡く赤や黄色に染まり、水面はそれを受けて色を変え、水鳥が群れをなして浮かんでいます。日の出が早くなるにつれて、明るい時間が伸びたことを誰もが喜んでいるような、美しい気分が胸いっぱいに広がります。たとえ昨日いやなことがあったとしても、朝の光に照らされたなら、今日も一日生きていけるような気がしてくるのです。朝焼けには、人を生かす力があるように、いつも感じます。

光というものに対して、人は強烈な憧れを抱いてきました。日本でよく知られている「阿弥陀如来」という仏は、別名を「無量光仏《むりようこうぶつ》」ともいいます。「量《はか》ることのできない光の仏」という意味で、阿弥陀如来が人々に与える光の、かぎりないことを表しています。光を与えてくれる存在を人は希求してきたのです。

密教では曼荼羅《まんだら》というものを大事にします。曼荼羅とは簡単にいうと、たくさんの仏さまが描かれている、仏のさとりの世界を表したものとされています。曼荼羅の中心には、大日如来《だいにちにょらい》という仏がいます。それは「大日」という名前の通り、「大いなる日」の仏です。太陽なのかというと、私たちの知る太陽そのものではありません。実際の太陽は昇ったり沈んだりします。また、太陽に照らされた場所は明るく輝きますが、その後ろ側は陰となり、暗くなります。一方、大日如来の大いなる日は、すべてのものを遍《あまね》く照らすのです。昼夜を問わず、陰になるところがないように照らす。すべての闇をはらって明るく輝かせるのが、大いなる日の役割なのです。

もちろん、これはひとつの譬喩《ひゆ》でしかありません。陰がないように照らす太陽など、現実には存在しません。ただ、その働きは慈悲そのものです。太陽の光は草木を育て、生きとし生けるものを育みます。そういう働きがいつも私たちに降り注いでいるということの譬えなのです。

曼荼羅の中に描かれるたくさんの仏は、その一人一人が異なる姿をして、様々な働きを持っています。やさしい表情を浮かべる仏や、時には怒りの表情を浮かべる仏もあります。たくさんの役割を持つ仏もいれば、ひとつだけの役割を持っている仏も描かれます。実はその仏はすべて大日如来の化身なのです。仏の姿だけではありません。我々が日々認識するもの、目に映るもの、耳に聞こえるもの、触れるものなどすべてが大日如来の現れであり、常に何らかの法を説いているというのです。

救いの手は、いつでも差し伸べられているのかもしれません。それに気づけるかどうかは、おそらく自分の心にかかっています。心が濁《にご》っていればおそらく、その働きに気づくことができません。でも、澄んだ水のような心ならば、大いなる日が照らしてくれるその光を受けることが、きっとできるのでしょう。朝日に照らされてきらきらときらめく川面を眺めるとき、すべての人の心に慈悲が注がれるようにと、そう祈るのです。

弘法大師は、唐にわたって灌頂《かんじょう》という儀式を受けました。儀式の中で、大師が投げた樒《しきみ》の葉が曼荼羅の大日如来の上に落ちます。その時に師の恵果《けいか》和尚から授かったのが、「遍《へん》照金剛《じょうこんごう》」という名前です。遍く照らす——そこには自らが大日如来たれという、師の思いが込められているような気がしてなりません。

道のその先

先日、鳥がさえずる爽やかな朝のお勤めを終えたとき、一人の女性に話しかけられました。私の曾祖父《そうそふ》が書いた本を何十年も前に買って読まれたそうなのですが、「昔の言葉が難しくてわからない。どういったことが書いてあるのか、ずっと気になっていたから教えてほしい」と仰るのです。

あまり熱心な読書家ではない私ですが、幸いその本は読んでいました。変色して赤茶けた紙のカバーの、なつかしい匂いのする本でした。そのうすいページをめくるときの感覚がよみがえり、内容を思い返すと、石山寺にかかわりのあるお坊さんの功績や、伝わってきた観音さまの霊験《れいげん》の数々を書いたものだと説明しました。すると、その女性はとても喜ばれ、「長年の疑問が解けた。ぜひ今の言葉でそのできごとを書いてほしい」と仰いました。

それがきっかけとなり、その本をもう一度読んでみることにしました。すると、私がいつも考えていることにとても近いことが、曾祖父の古い言葉で書かれていました。そのとき私は、そうか、これは、同じ道を歩いているのだなと気がつきました。

私は座主に就任してすぐに『石山寺僧宝伝《そうぼうでん》』という古文書を読むことにしました。江戸時代の尊賢《そんけん》僧正というお坊様が、石山寺にかつてどのような優れた僧侶がおられたかを紐《ひも》解《と》き、編集した内容のものです。例えば、祈願により雨を降らせることができた人。苦境にあっても、仏の守護によって守られた人。また、数々の経典をまとめた人。輝かしい奇跡の数々がそこには書かれていました。尊賢僧正は、後世の人が読んで励みにするようにとこの書を著したようです。それはもちろん、尊賢僧正の生きていた江戸時代までで終わっていますが、文中には「後の時代の人は、これを補ってほしい」と綴《つづ》られていました。

今を生きている私と同じように、かつて曾祖父はそうした思いを受け継いで、語っていきたいと願ったのでしょう。

曾祖父はもともと伊勢神宮の宮司の次男としてこの世に生を享《う》けた人でした。そこから石山寺に入り、文化にも精通して著作も多く、また書をたくさん残された方だったようです。今もインターネットを見ると、曾祖父の揮毫《きごう》した書がオークションに出ていたりします。自坊の持仏堂《じぶつどう》には遺影があり、そのお顔は父に少し似ていて、また私自身にも似ているのは、不思議なようで、そんなに不思議でないことなのだろうと眺めていました。

鷲尾光遍座主《こうへんざす》は、第五十世。私は五十三世。私の前の座主は五十二人。その他にも、伽《が》藍《らん》を守り、仏の教えを広めるために尽力された僧侶が数え切れないほどおられたのだ、と考えることが多くなりました。名前が残っていなくても、先師《せんし》たちがそれぞれの思いでこのお寺にいたことは、数え上げればこぼれてしまうほど、恵みに満ちたことなのだと思います。

私の石山寺座主としての役目は、おそらく命の終わりまで続いていくことでしょう。考えると途方もないことのような気がしてきます。ですが、ここで歴史の流れの中に暮らしていると、人の一生とはあっという間に過ぎていってしまう、という感覚になってくるのです。そして、それはきっと自然なことなのだろうとも思います。

私もいつか、曾祖父の残した言葉を今の言葉として紡いでいくのかもしれません。あるいは、これからの生で新しいものを作り上げていくのかもしれません。

花の季節の巡るように、私たちの命もまた巡り、そして何かを残してゆくのだろうと思います。

経典の旅

私の生まれ育った庫裡《くり》は、江戸時代に建てられたという伝承のある建物です。苔むす庭や檜皮葺《ひわだぶき》の屋根があり、風情のある建物ですが、多くの古い日本家屋がそうであるように、誰も居ないのに家鳴りはするし、冬には冷たいすきま風が入ってきます。この間は、どこからか山雀《やまがら》が廊下に迷い込んできて、窓の外を眺めながら途方に暮れていました。もちろんすぐに外に出してあげたのですが、今考えても、どこから入ったのかまったくわからない、というのが笑い話です。

そんな古い庫裡の蔵には、いつからか残されてきたたくさんの経典や古文書があります。蔵は真っ暗で、中に入るとひやりとしていて、何か怖いものが住んでいるのではないかと小さい頃は思っていました。でも、入った時にふわりと薫る古い本の甘い匂いをかぐと、不思議と心が穏やかになったのを覚えています。

私は蔵で経典を読むのが好きです。虫食いにあっていても、昔の人がどのようにこれを集めて、写経をして、大切に残そうとしたのかその文字を見ながら思いを馳せるのです。

日本で一般的に知られているお経は、漢字がうやうやしく並んでいて、法事の時にお坊さんが読むもの、と理解されていることと思います。読み上げること自体にも功徳《くどく》があるのですが、実は経典に書かれているのは、釈尊《しゃくそん》や仏たちが語る物語なのです。

経典は、もともとはその多くがインドで作られたもので、釈尊が生きていた時に使われていたパーリ語や、サンスクリット語という聖なる言葉で記されています。釈尊が亡くなったあと、弟子達が何回も集まってその教えをまとめたもの、とされています。日本に伝わる経典は、インドから中国を経て、漢訳されたものがほとんどです。今私たちが経典を読むことができるのは、お経をまとめた人たち、そして漢訳してくれた訳経僧《やっきょうそう》（お経を翻訳した僧侶）と呼ばれる人の功績によるところが大きいのです。

訳経僧としては、玄奘三蔵《げんじょうさんぞう》が最も有名なのではないかと思います。玄奘三蔵は、『西遊記』の三蔵法師のモデルになった人物です。唐の時代の僧侶で、仏教の原典が読みたいと経典を求め、中国からシルクロードを経てインドへ向けて旅立ちます。そして遥かな道のりを越えてインドにたどり着き、仏教の原点に触れ、たくさんの経典を持ち帰ったとされています。

残っている玄奘三蔵の肖像画には、大きな笈《おい》にたくさんの経典を詰め込んで、担いで、足には脚絆《きゃはん》をつけ、草履《ぞうり》を履《は》いた姿が描かれています。口を少し開けて経典を唱えながら足早に歩く、旅の僧侶の姿です。中国からインドへ向かう途中には、広大なゴビ砂漠とタクラマカン砂漠があります。そしてその先には数々の険しい山脈。『西遊記』では三蔵法師はたくさんの仲間と歩みますが、実際の玄奘三蔵はこのほとんどの道のりを一人で歩んだのです。

灼熱の砂漠では、暑さと流沙《りゅうさ》により玄奘三蔵は命の危機にさらされます。そのときには恐ろしい姿の神さまが守護したといわれます。深沙大将《じんじゃたいしょう》というその神さまは、髪を逆立てて髑髏《どくろ》の首飾りを付け、怒りの表情を浮かべていました。玄奘三蔵が法を求めて険しい道を行くのを見て、それを守護したのです。

照りつける太陽と、足をすべらせるように流れる砂。苦難の旅路の中でも恐ろしい神の力に守護され、立ち上がる玄奘三蔵。屹立《きつりつ》する山々を越えて、たどり着いた天竺は、彼にとってどんなにか荘厳な土地だったでしょうか。

一巻の経典にも、それを伝えた人々の壮大な物語が含まれている——そう考えると、彼らに感謝する気持ちがあかあかと燃え上がるような心地がします。

大地の天女

境内は初夏の湿り気を帯び、日陰の木々や石標が苔むすようになります。夏の気配を感じても、日陰に入るとやはりまだ冷たさを感じるのが六月です。石山寺は昔から水辺にあり、京都から船旅をしてきた人たちがお寺に入り、沐浴《もくよく》で体を浄めてからお堂に入ったのだそうです。入り口の門は川沿いの道にあるのですが、一歩境内に入るとそこからまもなく山道《やまみち》になります。うっそうと茂る樹木や、眼下に広がる岩山、瀬田川の清流。様々なものが目に飛び込んできます。それに聞こえてくるのは、鳥たちのさえずりや虫たちのささやき。木々の匂い、そして、雨の匂い。

雨が降ると、土の匂いがする。乾いた地面から生える草木は雨をいっぱいに受けて、みずみずしく揺れます。そんな庭を眺めながら、湿った匂いをいっぱいに吸い込むのが、外に出られない日の私の楽しみなのです。

ある日、都会に出たとき、小鳥が車にひかれて死んでいるのを見つけました。アスファルトの上では可哀想だから、と私はその子をハンカチに包んで、どこかに埋めようとしました。が、なかなか土のある場所が見つかりません。見つけたとしても住宅の生け垣か、植木鉢くらいでした。どうしようかと途方に暮れ、時間をかけてようやく草むらを見つけて埋葬することができました。そこで初めて気がつきました。私はあまりにも自然に恵まれていてわからなかったけれど、現代では、土を踏むことすら難しい場所が多くあるのだと。

土は農作物の恵みをもたらします。土の中には様々な生き物が棲《す》み、大地を豊かにしてくれます。死んだ命は土に還ります。土の中で分解され、そこからまた新しい生命が生まれ、空を目指して伸びていきます。

人は天高く建造物を作り、大空を飛びたいと願いますが、それでも眠るとき、帰りたいと思う場所は、いつだって地面の上です。

人間には、土が必要なのだと思います。

そういう豊かな大地を、人は「地天《ぢてん》」と呼んできました。インドでは、地天は釈尊がさとりを開いたことの証明として、大地から現れて宝瓶《ほうびょう》を捧げた神さまだとされています。密教においてはすべての存在のさとりを求める心を育てる神であり、女性の姿で表され、「地天女《ちてんにょ》」とも呼ばれます。

石山寺には毘沙門堂《びしゃもんどう》というお堂があります。兜跋《とばつ》毘沙門天という、甲冑《かっちゅう》をまとった戦いの神さまを祀るお堂で、お像自体は平安時代の作とされています。足下で、兜跋毘沙門天の足を地面から支えているのが地天女です。左右には尼藍婆《にらんば》と毘藍婆《びらんば》という二匹の鬼がいて、地天女はそれらを従えています。

見ると、あきらかに兜跋毘沙門天よりも小柄で、静かな表情をたたえた女性が、掌《てのひら》を上に向けて下から大きな足を支えているのです。激しさのかけらもない、たおやかな、それでいて力強い大地の女神。毘沙門天を支える姿は、あまりにも印象的に私たちの目に映ります。

よく考えてみると、私たちを日々支える大地ほど強いものはありません。当たり前にある大地がなくなったら、私たちは歩くということさえできません。私たちが生きるために、意識もしないような支えがある。私を生かす力が、地天女なのです。

そういう力のことはきっと誰もが知っていて、ただ、忘れてしまっているだけなのでしょう。毘沙門堂にお参りするたびに、私はこの地天女に目を奪われるのです。

空蟬

七月になり、いつしか蟬《せみ》の声が響くようになりました。早朝、まだ夢と現実の狭間にいる頃に蟬の声が聞こえてくると、私は胸がいっぱいになります。もっともみずみずしく、美しい音が聞こえる季節。いつかずっと先、私はこの季節に、蟬の声を聞きながら死んでいきたいと願うほど、この声が好きです。

小さい頃、羽化する前の蟬を山の中で見つけると、私は必ず拾ってきたものでした。香ばしい色に光る体で、てくてくと歩むその姿は、実に誇らしげに目に映りました。私は彼らのことが大好きで、蟻《あり》にたかられているようなのを見つけては拾って住まいに持ち帰っていました。そして、部屋のカーテンにしがみつかせて、羽化する様子をじっと眺めるのです。今考えると不思議な行動だと思うのですが、徐々に殻《から》を破り、背中から薄緑のきれいな翅《はね》が出てくると、彼らはなんて美しいのだろうとため息が漏れました。町で見かける茶色の蟬と違い、羽化したての蟬は、白緑《びゃくろく》で塗ったようなやわらかな姿なのです。

彼らの翅がちゃんと乾いて堅くなるまで、私は見守っていました。父と母と一緒に、テーブルを囲んで羽化したての蝉を眺めていたのは、心に残る懐かしい風景です。父に教えられて始めた楽しみだったのか、むしろ自分から進んで拾っていたのか、今はもうわかりません。

蝉の抜け殻のことを、昔は空蟬《うつせみ》と呼んでいました。『源氏物語』にも空蟬と呼ばれる女君が登場します。境遇や身分が似ていることから、紫式部が自身をモデルにしたのが空蟬だという説もあります。空蟬はすでに伊予介《いよのすけ》の妻なのですが、光源氏に求められ、心惹かれながらも我が身のつりあわないことに思い悩み、源氏の想いを拒み続けます。夜、光源氏の気配を感じた空蟬は、薄い小袿《こうちき》という衣だけを脱いでその場を離れます。光源氏はその衣を持ち帰り、大切にしていたという話が「空蟬」の帖に描かれます。残されていた衣が、蝉の抜け殻のようだということで、空蟬。蝉の抜け殻は、中にあったはずのものを想起させる、儚《はかな》いものの象徴だったのです。

蝉という生き物は、長いこと地面の中で過ごし、ようやく地上に出られても、一週間程度で死んでしまいます。そこに人は儚さを感じるようです。あるいは、その限られた間にあげる声の力強さに、生きるたくましさなどを学びます。しかし、おそらく彼らにとって、そのような一生を送ることは当たり前に知っているのだと思います。一方、人が自らの生について知っているのは、一生が百年足らずだということ。春夏秋冬という季節があること。それに比べれば、夏だけの蟬の命はあまりに短い、と比べているだけなのです。蟬たちの短い命をみて、人がそこに意味を見いだすのは、人が自分以外の存在を鏡のように映し出す生き物だからなのだと思います。

私が拾った蟬たちの、白く緑がかった翅は、きっとそのままではもろく崩れてしまいそうでした。その子たちが無事に丈夫になるまで家の中にとどめて、ようやく元気になってから放すという行いを、私は善行《ぜんぎょう》のように黙々とこなしていました。今思うとそれは、私は彼らを通して自分自身の何かを見ていたのだろうと思います。彼らを生きながらえさせることで、自分の中の大切な何かを、ひそかに生かしていったのだろうと、思い出します。

仏に成るということ

日本に仏教が入ってきたのは六世紀、欽明《きんめい》天皇の時代であると伝わっています。中国の聖明王《せいめいおう》の使者から、金銅の仏像と経典が日本に献上されたのです。『日本書紀』には、このとき欽明天皇が仏像を見て「仏の相貌端厳《みかおきらぎら》し（仏の顔はきらきらと美しい）」と仰った、と書かれています。初めて見た仏の姿に対する感動や驚きが伝わってくる言葉です。

日本に初めてやってきた仏と、もともと日本で祀られてきた神。当時、人の姿をした仏像は、一種の神であると認識されました。本来、古くからの日本の神々はその姿を顕しません。そこに登場した「異国の神」を祀るか否かで争いが起こった、というのは歴史の教科書に載っている有名なお話です。

人として表される仏の姿のモデルは、やはり釈尊《しゃくそん》です。そもそも「仏とは何か」と問うたとき、そこには「仏陀《ぶっだ》である」という明確な答えがあります。仏陀とは、サンスクリット語の「ブッダ」の音訳した語で、「真理に目覚めた人」という意味を持ちます。とすると、もともとの「仏」は、神秘的に目に見えない存在ではなく、さとりという状態にいる人を指す言葉だったことがわかります。

こう考えると、仏教とは仏が説いた教えであるとともに、本来は自分たちが仏になるための教えなのです。

釈尊から始まる仏教は、歴史の流れの中で、大きく変容していきます。インドからアジア全体にかけて、南北に大きく広がる中で、地域の土着の宗教や文化を包容しながら、教えも少しずつ変わっていきます。経典は翻訳され、日本には漢訳された仏典が入ってきました。長い歴史の中で仏に対する認識も、目指す対象ではなく、外側から私たちを救うという、神秘的で超越的な存在というふうに変わっていきました。

ですが、仏とは本当は人である自分が「成る」ものなのです。

人間はどうしても、神聖なるものを自らの外に置きたがるのかもしれません。そこには何か生きることに対する、他者を搾取することや命を奪うことへの罪悪感があるのかもしれません。聖なるものとは汚《けが》れなきものでなくてはならないと思い、自分の存在の外にそれを求め、追い続けていくのかもしれません。

弘法大師が唐から持ち帰った密教は、人はこの身のままで仏に成ることができる、と説きます。いわゆる「即身成仏《そくしんじょうぶつ》」です。心の迷いや罪、汚れ、そういうものを持っている自分であっても、この生のまま仏に成ることができるというのです。

仏に成るということは、卵からオタマジャクシが生まれ、それが蛙《かえる》になり……ということではなく、卵の中に実はオタマジャクシも蛙も内在されていたことに気づくことではないかと思っています。自分が自分でない何者かに変わっていくことではなく、本来は自らが仏であったということを観る。仏は外にのみあるものではなく、内側にも存在していると気がつくことなのだろうと思います。そのためにも私はただひたすら、真言を唱えていきたいと願うのです。

淡い海

近江《おうみ》という言葉は、今の滋賀県を指していう旧国名のひとつです。京の都から見て、琵琶湖と同じく淡水湖であった浜名湖を「遠《とお》つ淡海《あわうみ》」、それに対して「近《ちか》つ淡海」で近江といった、ともいわれています。

この淡海という言葉には、ものがなしいような美しさが感じられます。なぜだか懐かしく、遠い記憶の中できらきらと水面が輝いているようなイメージが浮かぶのは、おそらく私だけではないのでしょう。

お寺の前には琵琶湖から唯一流れ出る瀬田川があり、お寺の高台から北の方を見渡すと、瀬田川を遡《さかのぼ》った先に、水を湛《たた》えた琵琶湖が見えます。近つ淡海。身近にありすぎるものは、どんなに良いものでも、その良さがわからないものです。例に漏れず、小さい頃は私もその美しさがわかりませんでした。

私は昔から、海が好きでした。子供の頃、夏になると、一年に一度越前の海岸まで海水浴に連れて行ってもらったものでした。そのあたりはリアス式海岸で、切り立つ崖に波が勢いよく打ち付けていました。潮の匂いとごうごうと吹き付ける風、岩にぶつかって砕ける白波など、初めて見る海は激しく踊る命のようなものを、私に印象づけました。

琵琶湖は、それに比べると本当に淡い海です。大きな湖ですが、あまり波は立ちません。お天気の良い日は、やわらかく日に照らされて、ちゃぷちゃぷと音を立てる水面。雨が降ると湖上は細かく泡立ちます。雨上がりの夕暮れには空がうすい黄色に光っていて、紫色の雲が水面に写ってみずみずしい風景を見せてくれます。お寺を出てすぐの瀬田川沿いの道は、私のお気に入りの散歩コースでした。季節によって色を変える水の風景は、穏やかでありながらも確かに流れていました。その流れは、滞りを浄化してくれるような力を持っている気がしました。

境内や周辺、また瀬田の唐橋を挟んで向こう岸にある建部大社《たけべたいしゃ》のあたりには、お地蔵さんが道にたくさん祀《まつ》られています。これらは、多くが瀬田川の底から引き上げられたという伝承のある石像です。ぱっと見てお地蔵さんの姿なのかどうかわからない、古代の神仏の姿を表しているようで、手を合わせながら周辺を散策するのは、私のささやかな楽しみです。

こういう風情はきっと大人にならないとわからないものなのでしょう。

古いものがたくさん残っている地に住んで、琵琶湖を眺めていると、どこかで失ったものを思い出すような感覚に陥ることがあります。でも、それがなんであるかは自身にはよくわからないのです。

近江には、かつて「近江大津宮《おうみおおつのみや》」という都があったといわれています。正確には都としての基準を満たしていないから都ではない、ともいわれるのですが、「近江大津宮」という文言は史料上存在しており、天智天皇はここで即位しました。しかし、天皇崩御《ほうぎょ》の後に壬申《じんしん》の乱が起こり、わずか五年あまりで廃都となります。

多くの人がそれを懐かしく思い、短命に終わってしまった都を偲んで詠まれた歌が、いくつも残されています。そういう場所が淡海であって、そこにいることで何かを想起させる土地の力のようなものが働いている気がしてなりません。

『源氏物語』の「須磨」では、海人《あまびと》たちの話す言葉もわからない都から遠く離れた海辺で、光源氏が満月を見ます。そして、宮中で満月の日に行われていた管絃《かんげん》の遊びを思い出します。「今夜は十五夜であったのだ」と気づき、残してきた人たちに思いを馳せるのです。

この光景は、作者がきっとこの場所で、淡い海の景色を見たからこそ浮かんできたものだったのではないかと考えています。

秋の星を見上げて

秋は夕暮れ。清少納言の『枕草子』には、秋は夕暮れがいちばん良い時間だと書かれています。だんだんと日が落ちるのが早くなるこの頃は少し寂しくもありますが、山に太陽が近づいていき、沈んでいくさまをながめると、空にはたくさんのものが見えてきます。烏《からす》が寝床へ飛んでいくのに、ぽつりぽつりと黒い影が渡っていく姿や、雁《かり》が列をなして飛ぶ様子。それらが趣深い、というのは現代でも変わりありません。暮れていく空をじっとながめていると、自らもそこに溶け込んでいくかのような気持ちにさせてくれます。

秋の日はつるべ落とし。さっきまで明るかったのに、気がつくとすっかり暗くなって夜がやってくるのです。「秋は夕暮れ」の続きには、暗くなった後のことが書かれています。日がすっかり沈んでしまってから、風の音や虫の音《ね》が聞こえるのも、言うまでもなく素晴らしい、と。

秋の夜空は、夏よりも星が少なく感じます。草むらの中で虫たちは鳴き、生き物は豊かな季節を謳歌《おうか》しているけれど、空だけは静まりかえっている。そこには早くも冷たい空気が感じられるようになって、星たちは息をひそめているように見えます。庭に向かって耳を澄ませると、にぎやかに歌う大地としんとした空のどちらの気配も感じられて、秋というのは不思議な気配の季節だなあと思います。

虫にも命があり、それらに耳を傾ける私たちにも命がある。そして、静かな空に浮かぶ星たちにも命があるように思えてくるのです。

人は星空に暦《こよみ》を見いだしました。夜空の星が人の禍福《かふく》を司り、星の動きが人々の運命に大きな影響を及ぼしていると考えられてきました。運勢は節分で切り替わり、人がそれぞれ生まれ持った星と一年間を司る星の組み合わせで吉凶を見ます。西洋の占星術は有名で、現代では朝のニュースや雑誌にも占いが載っていることが多くありますが、東洋にも占星術が古代より伝わっているのです。

たとえば、彗星《すいせい》は凶兆といわれていました。何かが起こる前触れと言われ、彗星が尾を引いて流れる様子を、天を駆ける犬や狐《きつね》のようだとして「天狗《てんぐ》」と呼んだ時代もあったようです。

石山寺にも「星曼荼羅《ほしまんだら》」と名付けられた絵画がいくつか存在しています。それは、夜空を彩る天体のひとつひとつを仏や神として描き、その集まりを配置したものです。中でも画面上にいびつに並べられる七つの星が重要で、その七つが私たちの年々の運命を決めていると考えます。これらが北斗七星です。周りには蟹や獅子、魚や天秤などが描かれます。これは西洋占星術と同じルーツを持ち、少しの違いはありますが人の夜空への根源的なまなざしを感じさせます。

生まれた場所、環境、周りの人々……私たちが自身の力で変えることのできないものごとは数えきれません。それらを司るものを星として、そして星そのものも神や仏として私たちを見守っていると考える。どうしようもない時も、星の神仏《かみほとけ》に祈ることで、きっと変わっていくこともあるだろうと、私は信じています。その上で、人生を自らの手で切り開いていくことは、決して忘れてはいけません。

時には秋の静かな夜空を見上げて星に祈るのも、吉祥なるひとときになるのではないでしょうか。

弥勒の世まで

石山の観月台《かんげつだい》に立ちなまし
　夜の明けんまで　弥勒《みろく》の世まで

――石山寺の観月台に立っていたい。夜が明けるまで、弥勒菩薩《ぼさつ》がさとりを開かれる世になるまで。

これは、与謝野晶子が石山寺で詠んだ歌です。近代の代表的な詩人である与謝野鉄幹・晶子夫妻は、石山寺に詣でて多くの和歌を残しました。『源氏物語』ゆかりの地として知られる石山寺は、時代を越えてあらゆる文学者が思いを馳せ、そこに自らも着想を得て、作品を残していく……という憧れの地だったのだと思います。

夜が明けるまで見ていよう、と詠まれるほど、石山寺から見る月は美しい。「石山の秋月」は近江八景《おうみはっけい》のひとつに選ばれ、境内の月見亭《つきみてい》のあたりでは、毎年中秋に大きな月が浮かぶのが見えます。雲の切れ間から月が輝く顔を覗《のぞ》かせたり、隠れたりするのを、多くの人が見つめる時間が過ぎていきます。与謝野晶子が詠んだように、いつまでもそこに立って見ていたいと願うような月です。

下の句の「弥勒の世」というのは、弥勒菩薩が未来にさとりを開かれた世のことです。弥勒菩薩は、釈尊の次にさとりを開くことを予言された仏で、今はまだ天上の世界のひとつである兜率天《とそつてん》で修行中だとされています。釈尊入滅後から五十六億七千万年後に成道《じょうどう》して、私たちの世界に下生《げしょう》され、あらゆる存在を救済されるといわれます。途方もない時間の中を、修行に明け暮れる仏さまなのです。

一方、弘法大師をはじめとする多くの高僧が、弥勒菩薩の下生を待つだけでなく兜率天へと生まれたいと願い、現世から上生《じょうしょう》したという伝説も残ります。

釈迦の月は隠れにき　慈氏《じし》の朝日《あさひ》はまだ遥《はる》か

そのほど長夜を闇《くら》きをば　法華経のみこそ照らひたまへ（『梁塵秘抄』）

「慈氏」とは弥勒菩薩の別名です。弥勒菩薩の成道はまだまだ先のことです。多くの経典に地蔵菩薩や多くの仏の存在が説かれる一方で、現代は「無仏《むぶつ》時代」といわれ、釈尊も弥勒菩薩もいない、とても苦しい世の中だと考えられていました。

私たちが生きている間に弥勒菩薩に見《まみ》えることは、残念ながらないのかもしれません。けれど、私たちは皆生まれ変わりを繰り返し、いつか必ずその場所にいられる日がくる。

そのことは、大きな希望だと思うのです。

人の一生はすべてが運命で決まっているわけではありません。苦しく、辛いときは一生これが続くのではないかと感じても、明日には何が起こるかわかりません。ひとつのできごとや行いで人生が色を変えることは、誰にでも起こりうることだと思います。

そういった、希望を持つことの象徴が弥勒菩薩という仏なのではないか、と私は考えています。そして、そう信じる心の中にこそ、兜率天という浄土はある。遥かに求めるのではなく、自身の中にあると気がつくことが大きな安楽になると思うのです。

今年の四月、弥勒菩薩のお像が石山寺本堂に納められ、開眼供養（お像に魂を入れる法要）をしました。そのお像は心ある方からの寄進で新しく作られた、黄金に輝く等身大のお像です。弥勒の世がまだ先だとしても、私にとって、自分の生きるこの時間のなかで弥勒菩薩さまのお姿に会えたことは、奇跡のように感じるできごとです。

巡礼

平安時代には、観音さまへの信仰が多くの文学で語られてきました。貴族の住む京の都から最も近いのは清水寺、遠い道のりを覚悟して歩むのが長谷寺《はせでら》、中程にあるのが石山寺。その三つの寺院は、三観音として信仰をあつめました。

現代の私たちはいともたやすく旅に出ることができますが、当時の女性たちは思い通りに外に出ることができません。そこで唯一許されたのが社寺へお参りに行く「物詣《ものもうで》」でした。菅原孝標女《すがわらのたかすえのむすめ》の『更級日記《さらしなにっき》』には、「初瀬《はつせ》には、あなおそろし。奈良坂《ならざか》にて人にとられなばいかがせむ。石山、関山越えていとおそろし」と残されています。「初瀬」とは、長谷寺のこと。都から長谷寺に行く途中には奈良坂を通らねばならず、その道で人にさらわれたらどうしよう、と。また、もっと近い石山へ行くのにも、逢坂の関近くの関山を越えていくのがとても恐ろしいと書いています。ただ、これには「母いみじかりし古代の人にて（母親が古風な考えの人で）」という前置きをつけています。遠くの社寺へのお参りの道中は怖いという母親を、孝標女は「古いなあ」と思って聞いていたのかもしれません。孝標女には怖くなくても、当時の女性が遠出することは、たしかに危険を伴うことだったでしょう。その危険を冒してでも旅立つ人がたくさんいたのです。

現代では物詣という言い方はしませんが、それに近い意味を持つのが巡礼という言葉です。参詣のために旅をすることをいいます。私自身も巡礼をすることがあります。何しろ石山寺自体が西国三十三所巡礼の十三番目の観音霊場です。でも、それ以上に、自分が行き詰まった時に「旅に出よう」と思いたって、これまでも色々なところを巡礼しました。そしてその旅は私をいつも解放してくれ、新しく生まれ変わるような気持ちにさせてくれました。だから少しは、平安の女性たちの気持ちがわかるような気がしています。

琵琶湖に浮かぶ竹生島《ちくぶしま》。夏の湖は青々として、とても綺麗でした。神さまの島には階段がたくさんあったけれど、御堂を目指していくらでも上れました。それから、江ノ島弁財天。南国のように打ち寄せる波に、真っ赤な鳥居の近くで、サーフィンをする人たちがまぶしく笑っていました。和歌山の青岸渡寺《せいがんとじ》には、父がまだ元気だった頃に家族で行きました。高い山と明るい陽射し、白いしぶきをあげていた那智《なち》の滝。帰りに串本《くしもと》の水族館に寄って大きな鱏《えい》を見たことも、よく憶《おぼ》えています。

今もそのひとつひとつを思い出すだけで、何か美しい光とあたたかいものが心の中に広がっていきます。嫌なことがあっても、立ち直れる気がするのです。それは、そこにたしかに神仏の気配があったからだったと思うのです。

その時間が過ぎても、思い出す心の中にこそ、浄土はあるのだと思います。石山寺も、誰かにとってそういう場所であってほしいと願います。

東大門をくぐり、まっすぐな参道を歩いて、そのうち大きな木々に囲まれ、木漏《こも》れ日の中を本堂へ向かう。横目に苔むした神さまの祠《ほこら》を見ながら、ごつごつとした岩が露出しているところを少しさわってみて、冷たいような温かいようなざらりとした感触を確かめる。どっしりとした多宝塔を見上げて本堂にたどり着くと鐘の音が響き、観音さまが待っておられる。扉の奥には、秘仏の丈六《じょうろく》*の観音さまがいらっしゃる。

見えないけれど、神聖な気配を感じることはできます。

知らず知らずのうちに、そういう気配に救われて、私たちは生かされているのだと思います。

＊丈六…仏身（釈尊）は一丈六尺（約四・八五メートル）であったとされ、この大きさに造られた仏像のこと。

石山寺について

石山寺は、山号を石光山《せっこうざん》とし、硅灰石《けいかいせき》が雄大な景観を見せる、その名のとおり石の山の寺です。古より大きな岩の上に坐した如意輪観世音菩薩《にょいりんかんぜおんぼさつ》を本尊とし、伽藍《がらん》には岩盤の上に建てられた本堂（平安時代、国宝）や多宝塔（鎌倉時代、国宝）などの堂宇が建ち並びます。奈良時代の創建以来、多くの人の観音信仰を集めてきました。特に平安時代には女性の文学者たちがこの寺院を愛し、京の都から「石山詣《いしやまもうで》」を行いました。『蜻蛉日記《かげろうにっき》』、『更級日記《さらしな》』、『和泉式部日記《いずみしきぶ》』などの日記文学に登場するほか、紫式部が石山寺で参籠《さんろう》した折、『源氏物語』の着想を得たという伝説が存在し、文学ゆかりの寺として後世にも文学者たちが訪れています。また、四季折々の花や近江八景《おうみはっけい》「石山の秋月」を楽しめる景勝地であり、老若男女問わず、多くの人に親しまれています。

石山寺の創建

石山寺は近江の南に位置し、琵琶湖から唯一流れ出る瀬田川の畔に位置する寺院です。この場所は古代より奈良の都の文化が北上してくる道と、若狭《わかさ》へと通じる道が交わることから、非常に重要な場所とされてきました。

『石山寺縁起絵巻』（全七巻、重要文化財）によると、石山寺は天平十九年（七四七）、聖武天皇の勅願により、良弁僧正《ろうべんそうじょう》（六八九〜七七四）によって創建されました。東大寺の大仏建立に伴い、御躰《おからだ》を荘厳《しょうごん》するために大量の金が必要となり、聖武天皇は良弁僧正に命じて金の産出を祈願させます。はじめ良弁僧正が吉野の金峯山《きんぷせん》に籠《こも》って祈願すると、蔵王権現《ざおうごんげん》が夢に現れます。「この山の金は未来に弥勒菩薩《みろくぼさつ》が下生《げしょう》（仏が世の人を救うためにこの世に出現すること）した際に大地を荘厳するためのものであるから、今は使ってはいけない。その代わり、近江の南の山で祈りなさい。そこが聖なるものの降り立つ場所である」との夢告を受け、僧正は石山の地に赴かれます。そこで地主神である比良《ひら》明神の許しを得て、石の上に六寸の観音像を置いて祈願したところ、陸奥《むつ》国から金が得られ、大仏を飾ることができました。その後、観音像が岩から離れなくなったため、巨大な岩と観音を中心とした寺院をそこに建立することにしたと絵巻は伝えています。

　石山寺の名前は、その巨大な岩である硅灰石が元になっています。古代の人にとって聖なる存在である巨石と、その上に鎮座する観音。この二つの存在が統合され、石山寺の信仰は完成しているのです。

　『正倉院文書』には、石山の地についての記述があります。東大寺を建立するための大量の材木を集積する場所であり、造東大寺司《ぞうとうだいじし》により、東大寺建立に関わる事業が成されたたのです。造東大寺司の下には造石山寺所が置かれ、小さな堂宇から大規模な伽藍へと整備が行われました。建立されて以降は、官の寺、鎮護国家を祈願する道場として繁栄し、国の事業としての大規模な常楽会《じょうらくえ》が行われることもありました。『石山寺縁起絵巻』には創建の話が続きますが、寺の造営の時に銅鐸《どうたく》が見つかったという記述があります。実際、東大門（鎌倉時代、重要文化財）の前には、縄文時代早期に形成された貝塚が出土しています。また、後の時代にはなりますが、文化三年（一八〇六）には寺域から銅鐸が掘り出されていることから、古くからこの地に人々の営みがあったことが伺えます。その他にも境内地からは白鳳《はくほう》時代の瓦などが出土していて、石山寺の前身となる寺院があったことを彷彿《ほうふつ》させます。

学問の寺として

今は文学ゆかりの寺院として知られる石山寺ですが、学問の寺としても名高く、仏教に関連する書籍が多くの時代に編纂《へんさん》され、現在も大切に残されています。『石山寺一切経《いっさいきょう》』（四六四四帖、重要文化財）、『校倉聖教《あぜくらしょうぎょう》』（一九二六帖、重要文化財）、『深密蔵聖教』（一一一函、約二万点）などが学僧らによって編纂されました。「一切経」とは、仏の教えを説いた経、僧侶の守るべき律《りつ》（戒律）、そしてそれらの教えを解釈した論を主体とした仏教に関連する書籍のコレクションです。また、「聖教」とは僧侶が密教の行儀作法に関して研究し、自ら写したり、書き起こしたノートのようなものをいいます。これらを守るために死後、鬼

重要文化財　『石山寺縁起絵巻』第一巻第一段　石山寺蔵

になったという学僧朗澄律師《ろうちょうりつし》の伝説も残されています。

数多く残る聖教の中でも、第三代座主の淳祐内供《しゅんにゅうないく》（八九〇〜九五三）の筆による「薫聖教《においのしょうぎょう》」（平安時代、国宝）は特に大切に扱われてきました。この聖教にまつわる伝説も『石山寺縁起絵巻』に描かれています。延喜二十一年（九二一）、淳祐内供の師の観賢《かんげん》僧正は、醍醐天皇の勅命を受け、弘法大師の諡号《しごう》と紫衣《しえ》を下賜《かし》されるために高野山の奥の院に参じました。淳祐内供もこの時同行することを許され、御廟《ごびょう》にて弘法大師のお衣を取り替えた際に、大師の膝に手が触れ、芳香が移ってそれが終生消えなかったといいます。その手で書き残した聖教は「薫聖教」と呼ばれ、現在も大切に残されています。

観音の寺として

本尊は如意輪観世音菩薩。西国《さいこく》三十三所のうち第十三番目の札所です。

この地の観音を讃える御詠歌《ごえいか》には、このように石山の如意輪観音の功徳が詠われています。

後の世を　願う心は　軽《かろ》くとも　仏の誓い　重き石山

後の世（亡くなった後のこと）を願う心が軽くても、衆生《しゅじょう》の願いを聞き届けようとする観音さまのお誓いは、石の山のように揺るぎない、と讃える歌です。今日でも西国巡礼をする人が本堂で灯明《とうみょう》をあげ、お経と一緒にこの御詠歌を詠っています。

奈良時代より観音という仏は日本に存在していましたが、平安時代には観音信仰がより盛んになります。唐の国から弘法大師によって密教がもたらされ、また留学僧や渡来人によって新しい観音の経典や変化観音と呼ばれる様々な姿の観音が日本でも知られるようになります。特に創建当初、華厳宗《けごん》だった石山寺にも東密《とうみつ》（真言密教）が伝えられ、初代座主《ざす》の聖宝理源大師《しょうぼうりげんだいし》により、密教化が進んでいきます。京都と奈良を中心にした地域では観音信仰が広がり、僧侶や貴族たちは何日もかけて参拝・参籠するようになるのがこの時期です。平安時代には王朝の貴顕がこぞって「石山詣」を行うようになります。

観音菩薩は、正式には観世音菩薩といい、世の音、つまり世の中の助けを求める人々の声を観じ、その人を救済するために三十三の姿に化身する仏です。末法《まつぽう》思想が高まったこの時代に、阿弥陀如来《あみだにょらい》の極楽浄土へ迎え入れられたいという阿弥陀信仰とは対照的に、今生きているこの現世での悩みや苦しみの解消を願う、身近な仏として観音信仰は広がりました。そして西国三十三所を中心とする観音霊場への巡礼が体系的に整理されるようになります。

観音験を見する寺　清水《きよみず》　石山　長谷《はせ》のお山
粉河《こかわ》　近江なる彦根山　間近く見ゆるは六角堂《ろつかくどう》（『梁塵秘抄』）

という歌に見られるように、庶民の間でも観音信仰は広がりを見せます。特に石山寺は清

重要文化財　本尊如意輪観音半跏像　平安時代　写真提供：石山寺

水寺・長谷寺と並んで「三観音」と讃えられました。京の都からほど近く、『蜻蛉日記』の藤原道綱母《ふじわらのみちつなのはは》のように、水の風景を楽しみながら、女性の足でも半日で到着するというアクセスの良さも、物見遊山的な要素も含めて石山詣の楽しみだったのでしょう。菅原孝標《すがわらのたかすえ》女《のむすめ》(一〇〇八~?)の『更級日記』、和泉式部の『和泉式部日記』にも、それぞれ石山寺に参籠したことが書かれています。清少納言の『枕草子』には「寺は石山」とあって、石山観音の霊験を讃えています。また、当時の女性は自由に外出することができません。許された「物詣《ものもうで》」としての寺社参詣は、彼女たちにとってリフレッシュする大きな機会だったに違いありません。

一方で、藤原道綱母は石山寺に参籠した折、「身のあるやうを仏に申すにも、涙に咽《むせ》ぶばかりにて、言ひもやられず(我が身の有り様を仏に申し上げるにも、涙に咽ぶばかりでうまく言葉にならない)」と残しています。彼女たちは都での生活のどうしようもない寂しさ、哀しみを抱えて石山に詣でました。それを引き受けるのも石山の観音の大きな役割であり、故に女性の救済を引き受ける霊地であったとも言えます。

紫式部と石山寺

紫式部が石山寺で『源氏物語』の着想を得て起筆したという伝説は、全国的に知られています。石山詣が盛んであった頃のこと。紫式部が仕えていた中宮《ちゅうぐう》の藤原彰子《しょうし》（九八八〜一〇七四）は、選子内親王《せんしないしんのう》から「珍しい物語が読みたい」と所望され、紫式部に物語を作るように命じます。紫式部は、寛弘元年（一〇〇四）、石山寺に七日間参籠し、新しい物語を書けるようにと祈願します。ちょうど七日目が中秋であり、ふと御簾《みす》を開けると、八月十五夜の月が琵琶湖の面に映っていました。その情景を見て、紫式部にひとつの物語が思い浮かびます。そこで彼女は観音さまにお供えしてあった紙を取り、思いつくままに物語を書き付けた、というのが『源氏物語』の始まりである、と『石山寺縁起絵巻』や『河海《かかいし》抄《よう》』は伝えています。

この時紫式部が使用した紙は、「大般若経」の料紙で、それを申し訳なく思い、式部自身が写経して寺に納めていったとも書かれています。実際、紫式部が写したと伝わる大般若経六巻が寺宝として残されています。また、紫式部が参籠した部屋が本堂の中に現存しており、「源氏の間」と名付けられています。

『河海抄』では、紫式部がそのとき書き起こしたのは、「今宵《こよい》は十五夜なりけりと思し出でて、殿上の御遊び恋ひしく……」というフレーズだったとされています。これは五十四帖のうち「須磨《すま》」の一節で、物語の主人公である光源氏が空に浮かぶ月を見て、「今夜は十五夜だったのだ」と思い出し、残してきた人たちもこの月を見ているだろうかと感じ入りながら、月の顔ばかりを眺めているという場面です。都から遠く離れた地であり、海のある須磨は、どこか近江の地に似ています。石山の観音への祈りという体験のなかで、琵琶湖の面に月が映る情景から物語を見いだしたという伝承は、紫式部が観音の化身であるという後世の信仰につながっていきます。

『源氏物語』はその後も多くの時代で評価され、和歌や連歌《れんが》、俳諧《はいかい》、小説、絵画など、様々な文化に影響を与えました。紫式部と石山寺の伝説は中世以降広がりを見せ、多くの文学者が憧れをもって石山寺を訪れました。江戸時代には松尾芭蕉《まつおばしょう》が「曙はまだむらさきにほととぎす」と、源氏の間を見て読んだ句を残しています。この句は紫式部の供養塔の隣にある芭蕉の句碑に残されています。平安文学の継承者である井原西鶴《いはらさいかく》、浄瑠璃《じょうるり》の近松門左衛門、明治以降には与謝野晶子、谷崎潤一郎、三島由紀夫など、石山寺を題材にした作家たちも多く、島崎藤村《とうそん》（一八七二〜一九四三）は石山寺の密蔵院に寄宿して一冊の本を納め、そのときのことを「茶丈記《ちゃじょうき》」（『文学界』）、『眼鏡』、『力餅』などの作品に描いています。

多彩な歴史を積み重ねてきた石山寺は、訪れた人の情緒をかき立て、古の近江に思いを馳せる祈りの聖地として今も生きているのです。

おわりに

この本を手に取ってくださりありがとうございます。

令和四年の新年号から月刊茶道誌『淡交』での連載が始まり、令和五年十二月号までの原稿をこの度一冊の本にしていただきました。私はいつか自分が命を終えるまでに本を書きたいと願っていました。それがこんなにも早く達成されたのは不思議で、何よりも栄誉あることだと思っています。

執筆の期間、私の人生にはとても大きな変化がありました。令和三年十二月、師である父が遷化《せんげ》し、その跡を引き継ぐ形で第五十三世座主に就任しました。喪《も》に服するため百箇日の間は本堂に上がらず、寺務所に籠《こも》る日々を送りました。令和四年三月には父の本葬。一月に予定していたものを、新型コロナウイルス感染者の増加を受けて、延期したのでした。そして一年の時を経て、令和五年四月には、大勢の人の助けのもと、晋山式《しんざんしき》を行いました。父が亡くなったとき、私は不思議なほど落ち着いていました。激動の日々が一段落し、瀬田川沿いでバスを待っていたとき、ようやく涙がこぼれました。全力で駆け抜けた日々であったことにその時気がつき、よくやってこられたなあと、過去の自分の努力と、それまでに得ていたであろうたくさんの支えのことを唯々《ただただ》思いました。

目まぐるしく過ぎてゆく日々の中、『淡交』に寄稿するために文章を書くという作業は、私の心を豊かな泉で洗うように、しなやかに整えてくれました。自分の原稿を見直していると、様々なできごとが思い出されます。例えば、朝焼けの美しさに心打たれたことや、寒さもあと少し、と自分に言い聞かせていた季節、執筆中に窓の外から聞こえてきた子どもの声について……読み返すと、そのときの風景や気持ちがよみがえってくるのです。

逆に、改めて本にすると、書き足りないことがどんどんと出てきて、これも書けばよかったなどと思い悩んだりもしました。特に石山寺でこれまで活躍してこられたお坊様、語らなければならない歴史上の重要なできごとや行事、そして石山寺に古くからいらっしゃるたくさんの神仏について語るには、紙幅があまりにも足りませんでした。また、まだまだ浅学な私が語るには、仏教は膨大で、誤解を招く表現もあるかもしれません。例えば、上座部《じょうざぶ》仏教、大乗《だいじょう》仏教と密教を同時に語ることは非常に難しいことです。また、細かいところで言うなら、「地天《ちてん》」という神さまを文中では女性と書いていますが、男性として表される図像もあります。そういった課題のなかで自分としては最大級の努力をしたつもりですが、ご指摘を受けることもあるかもしれません。今回書き切れなかったことは、また別の機会に書かせていただければと思いますので、どうかご容赦ください。

私は縁あって石山寺に生を受け、かたじけなくも観音さまのもとで生かされてきました。幼い頃、母は私を抱いて毎日長い階段を上り、本堂の観音さまのところへお参りに連れて行ってくれたそうです。思い悩むときも、また何でもないときにも、心の真ん中には必ず観音さまがおられました。この度は、私だけが知っているのではもったいないと思うような石山寺のお話、仏さまのお話、季節や歴史のお話を、この本を手に取られた皆さまにお伝えしたく、筆を進めました。

この本を通して伝えたかったことは、「仏のまなざしを感じ、仏の声を聞く」ということだったように思います。世の中にはたくさんの書物があり、紐解けば、どんなことでも教えてくれます。同じように、自然のなかには豊かなまなざしがあり、それらは私たちに何かを語りかけてくれています。表情を変えていく空、雲の流れ、草木の露、生きとし生けるものが懸命に生きる姿、そういうものには仏のまなざしが宿っていると思うのです。そして自分がどのような状態にあっても、そういうものを通して仏は私たちを見ていて、何かを語りかけている。あるいは観音さまが三十三の姿に変化するように。私たちがそれに気づくことで、助けられることが往々にしてあると、私は信じてやみません。

書籍化にあたり、何度もお寺に足を運んでくださり、いつも的確な校正をしてくださった淡交社編集局の川添真さんと、みずみずしい写真を撮影してくださった田口葉子さん、上品で繊細なレイアウトに仕上げてくださった大西未生さんには、この場を借りて御礼を申し上げます。そして、執筆を励ましてくれた母、真っ先に連載を読んでくれた周りの方々にも、感謝の気持ちを伝えたいと思います。

窓の外では鯉が池の中を泳いでいます。空には小鳥が歌い、空は夕暮れに向けて水色から黄色く変わっていく途中で、変わらずそこにある巌《いわお》や松の梢《こずえ》を照らしています。そういうものとともにあるのが人間であり、いつかは衰えて滅び、また再生してゆく循環のなかで、それぞれが大いなる生命のなかにあることを感じられますように。

肌寒い日、石の山にて、鷦鷯《みそさざい》の声を聞きながら。

令和五年十月

大本山石山寺　第五十三世座主　鷲尾龍華

鷲尾龍華［わしお・りゅうげ］

滋賀県大津市生まれ。大本山石山寺第五十三世座主。同志社大学文学部美学芸術学科、種智院大学人文学部仏教学科卒業。講演会や諸宗教間協力など、同山内外で幅広く活動している。

ほとけの誓い、おもき石山
紫式部ゆかりの寺にて

二〇二三年十二月三十一日　初版発行

著　者　鷲尾龍華
発行者　伊住公一朗
発行所　株式会社 淡交社
本社〒六〇三-八五八八　京都市北区堀川通鞍馬口上ル
営業（〇七五）四三二-五一五六
編集（〇七五）四三二-五一六一
支社〒一六二-〇〇六一　東京都新宿区市谷柳町三九-一
営業（〇三）五二六九-七九四一
編集（〇三）五二六九-一六九一
www.tankosha.co.jp

印刷・製本　亜細亜印刷株式会社

ISBN978-4-473-04574-4